SORAIDH SLÀN LE HALLAIG

MAOILIOS CAIMBEUL

SORAIDH SLÀN LE HALLAIG

MAOILIOS CAIMBEUL

acair

Riaghladair Carthannais na h-Alba
Carthannas Clàraichte/
Registered Charity SC047866

Air fhoillseachadh ann an 2025 le Acair, An Tosgan,
Rathad Shìophoirt, Steòrnabhagh, Eilean Leòdhais HS1 2SD

www.acairbooks.com
info@acairbooks.com

Deilbhte agus dèanta le Acair

Dealbhachadh an teacsa agus a' chòmhdaich le Joan MacRae-Smith às leth Acair

Gheibhear clàr catalogaidh airson an leabhair seo bho Leabharlann Bhreatainn.

Chuidich Comhairle nan Leabhraichean am foillsichear
le cosgaisean an leabhair seo.

Tha Acair mothachail air riatanasan an Aonaidh Eòrpaich a thaobh GPSR.

Tha Acair a' faighinn taic bho Bhòrd na Gàidhlig.

Clò-bhuailte le Hobbs, Hampshire, Sasainn

LAGE/ISBN 978-1-78907-190-0

www.carbonbalancedprint.com
CBP2250

MIX
Paper | Supporting responsible forestry
FSC® C020438

Maoilios Caimbeul

Tha Maoilios Caimbeul a' fuireach san Eilean Sgitheanach. Tha e air grunn leabhraichean bàrdachd agus nobhailean dha òigridh fhoillseachadh, nam measg *Gràs/Grace* (Handsel Press, 2019) agus *An Triùir agus Lùbag* (Acair, 2017). Tha e air iomadh duais a chosnadh airson a chuid sgrìobhaidh agus tha aithne air obair ann an Alba agus gu h-eadar-nàiseanta. 'S e *Dòrlach Sìl* an leabhar mu dheireadh aige (Luath Press, 2021), cruinneachadh de sgeulachdan goirid.

CLÀR-INNSE

1.

Bha iad a' coiseachd agus a' bruidhinn gu dian. Bha Ruairidh airson gum biodh fios aig Iain a bhràthair dè dhèanadh e nam faiceadh e duine a' tighinn.

'Bidh thusa a' dol air thoiseach agus a' cumail sùil air a' cheum. Ma chì thu duine a' tighinn, leig fead agus falaich gus an tèid an duine no na daoine seachad. Nì mise an aon rud nuair a chluinneas mi an fhead agad.'

Dh'aom Iain a cheann. Bha fios aige cò an duine a bha a bhràthair a' ciallachadh. Bha am maor-gruinnd aig Rainy an-còmhnaidh ag èaladh mun cuairt. Bhiodh e a' dèanamh cinnteach nach robh duine a' briseadh an lagha. Chan e lagh na dùthcha idir ach na riaghailtean aig an oighreachd, agus aig an uachdaran, Seòras Rainy.

Bha fios aige gun robh craobh fheàrna mhath a bhiodh freagarrach sa choille eadar Allt Hallaig agus Gualann nan Leac. Bha e air an aire a thoirt dhi iomadh uair agus e air an rathad gu na Feàrnaibh. Agus smaoinich e gum biodh i math airson cas-chrom, nam biodh feum aige air cas.

Agus bha an latha sin air tighinn. Bha iad air èirigh tràth. Chitheadh iad gathan na grèine os cionn Dùn Cana. Deireadh a' Ghearrain agus bha fuachd a' gheamhraidh fhathast san èadhar. Bha iad am measg nan craobhan a-nis. Dh'fhairich e an sàbh na achlais agus e còmhdaichte le seann phìos aodaich.

---

gu dian *intensely*
dh'aom *lowered*
maor-gruinnd *ground officer*
cas-chrom *a Highland spade, used to turn stony ground*

Stad e. 'Seall a' chraobh sin le lùbadh beag innte. Sin agad an tè.' Bha i a' comhead làidir agus daingeann. Dhèanadh i cas mhath.

'Bhiodh i sin math,' dh'aontaich a bhràthair. Thug e an sàbh a-mach às na stiallan agus thòisich e a' gearradh. Chùm a bhràthair air suas an ceum. Bha fios aige nan deigheadh breith air a' gearradh craobh gum biodh ceannach aige air. Smaoinich e air an t-suidheachadh dhoirbh anns an robh an t-eilean. Bochdainn uabhasach agus màl àrd nach b' urrainn daoine a phàigheadh. Eadhon mus do ghabh Rainy sealbh air an eilean o chionn ochd bliadhna air ais, bha trioblaid air a bhith ann do na croitearan agus na coitearan.

Ach nuair a fhuair mac ministeir, Seòras Rainy, sealbh air an oighreachd cha robh fios aig daoine cò ris a bhiodh e coltach. Bha iad amharasach mu na daoine a bha e a' toirt a-steach mar luchd-obrach air an oighreachd.

B' e daoine Gallta a bha annta aig nach robh fios no eòlas air a' Ghàidhealtachd.

Bha eagal air muinntir Ratharsair ro dè a bha a' dol a thachairt. 'S e suidheachadh ùr a bh' ann. Ged a bha Mac Gille Chaluim air a bhith gòrach mu airgead agus cruaidh air na daoine, b' aithne dhaibh cò e agus cò a shliochd.

Na daoine ùra seo, cha b' aithne dhaibh cò iad.

B' ann às an Òban a bha am maor-gruinnd aige, Donnchadh Caimbeul. Duine coltach ri Rainy fhèin, cruaidh agus biorach agus seòlta. Figearan a' ruith nan cinn fad an t-siubhail, cha b' e daoine.

---

stiallan *strips of cloth*
gum biodh ceannach aige air *idiom: that it would cost him*
sealbh *ownership*
coitearan *cotters*

Thàinig ìomhaigh an duine gu inntinn.

'S ann an uair sin a chuimhnich e air a bhràthair a bha a' cumail sùil a-mach airson duine bhon oighreachd. Fhad 's a bha e air a bhith a' sàbhadh, bha inntinn air a bhith a' ruith thairis air na rudan a thachair anns na bliadhnaichean a dh'fhalbh.

Bha e air dìochuimhneachadh an cunnart anns an robh e fhèin agus a bhràthair. Cha robh e air fead sam bith a chluinntinn, 's bha sin a' toirt air smaoineachadh gun robh e sàbhailte.

Bha e air a' chraobh a ghearradh cho faisg air an talamh 's a b' urrainn dha. Cha robh aige ach na geugan beaga agus na duilleagan a ghearradh dhith agus bhiodh e deiseil airson falbh dhachaigh leatha.

Gu h-obann, mar a bha e a' dèanamh sin, chuala e fuaim eich a' tighinn aig roid. 'S e a' chiad smuain a bh' aige ruith ach bha e ro fhadalach.

Thilg e an sàbh bhuaithe cho fada 's a b' urrainn dha. Thàinig an t-each glas agus am marcaiche suas thuige. B' e an Caimbeulach a bh' ann. Cha robh dòigh aige air falach dè a bha e ris. Bha bun na craoibhe air a gearradh agus min-sàibh timcheall air.

'Dè tha thusa a' dèanamh?' thàinig an guth cruaidh ann an Gàidhlig dheasach Earra-Ghàidheal. 'Cò thu? Dè an t-ainm a th' ort?'

'Tha mi à Hallaig. Cha robh mi ach a' faighinn cas airson cas-chrom na dachaigh a chàradh. Tha an tè a th' agam briste.'

---

aig roid *at great speed*
min-sàibh *sawdust*

‘Tha fios agam cò às a tha thu ’s tha fios agam dè tha thu a’ dèanamh, ach cò thu agus cò leis thu?’

Choimhead e air an duine os a chionn a’ coimhead sìos air. Bha a shùilean an-iochdmhor, cruaidh agus aodann ruiteach. Cha robh e ag iarraidh innse dha cò e ach gheibheadh e a-mach co-dhiù. Rinn e mearachd ag innse dha gur ann à Hallaig a bha e. Cha leigeadh e a leas ach a dhol gu Hallaig agus gheibheadh e a-mach cò e.

Le cridhe trom thuirt e, ‘Ruairidh, mac Dhòmhnaill Dhuinn.’

Choimhead am maor sìos air gu tàireil, ‘Tha fios agad gu bheil e an aghaidh an lagha a bhith a’ gearradh chraobhan.’

Thàinig lasair na shùilean. ‘Dè an lagh, lagh na h-oighreachd no lagh na dùthcha?’

Chuir na facail sin an caothach air a’ mhaor. ‘Bi thus’ air d’ fhaiceall ’ille. Chan ann dhutsa a bhith a’ ceasnachadh nan riaghailtean. Cluinnidh tu bhuamsa a dh’aithghearr.’

Agus le sin a ràdh, thionndaidh e an t-each agus dh’fhalbh e an rathad a thàinig e.

Chuir facail a’ mhaoir gaoir troimhe. Nuair a thàinig Rainy na uachdaran, agus an Caimbeulach mar mhaor-gruinnd aige, bha e air grunn riaghailtean a dhèanamh. Chan fhaodadh duine pòsadh gun chead, chan fhaodadh eich a bhith aca, chan fhaodadh iad beantainn ris an t-seilg agus chan fhaodadh iad craobh a ghearradh. Bha e air a dhèanamh soilleir dhaibh nam bristeadh

---

an-iochdmhor *cruel/merciless*
ruiteach *ruddy/rosy-cheeked*
gu tàireil *contemptuously*

iad na riaghailtean sin gun deigheadh am fuadach dhen oighreachd.

Dh'fheumadh e a dhol dhachaigh agus innse dha athair agus a mhàthair agus dhan teaghlach dè a thachair. Bhiodh eagal orra gun deigheadh an sguabadh às an dachaigh. Bha sin air tachairt do dh'iomadh teaghlach eile anns na ceithir bliadhna a chaidh seachad. Cha robh feum aig Rainy agus an Caimbeulach ach an leisgeul a bu lugha airson daoine a chur a-mach às na taighean.

Nach robh iad mu thràth air Suidhisnis agus Eighre fhalamhachadh agus air am fearann a thoirt mar thac mhòr do Royston MacCoinnich, tuathanach à Asainte. Mar a dheigheadh na bailtean fhalamhachadh, bha esan a' cur cìobair agus caoraich orra.

Mar a bha na smuaintean sin a' tighinn thuige, bha e a' lorg an t-sàibh a bha e air a thilgeil air falbh. Bha an sàbh prìseil. Cha b' urrainn dha a dhol dhachaigh às aonais. Fhuair e e mu dheireadh, na laighe san fheur far an robh e air a thilgeil.

Nuair a fhuair Rainy sealbh air an eilean b' e bliadhna gaiseadh a' bhuntàta a bh' ann. Bha daoine a' fulang gu mòr leis an acras. Bha aig daoine ri cuideachadh fhaighinn bhon riaghaltas agus bha e na uallach air an uachdaran cur ris a' chuideachadh sin.

Ach ma bha iad a' faighinn bolla mine airson biadh, bha aca ri obair a dhèanamh air a shon. Chunnaic Rainy nach robh buannachd ann dha. Bha e a' cosg tòrr airgid air min don t-sluagh a bh' air an oighreachd.

---

tac *holding/tack*
gaiseadh a' bhuntàta *potato famine*
bolla mine *a bowl of meal*

Nuair a chaidh buidheann a stèidheachadh ann an 1852 le cuideachadh bhon riaghaltas, airson gun dèanadh daoine eilthireachd a dh'Astràilia, leum Rainy air a' chothrom. Bha e ro dheònach daoine a chuideachadh gus falbh, am biodh iad ag iarraidh falbh no nach biodh. Bha a h-uile càil air tighinn còmhla airson Ratharsair fhàsachadh: bochdainn uabhasach, uachdaran a bha ag iarraidh tuathanas chaorach a dhèanamh dhen oighreachd agus buidheann – Comunn Eilthireachd na Gàidhealtachd 's nan Eilean – a bha deònach daoine a chuideachadh le cosgaisean siubhail gu Astràilia.

Chuala e èigheach air a chùlaibh. 'S e Iain a bh' ann agus e na ruith. Bha anail na uchd.

'Am faca tu e? An Caimbeulach air an each. Nach cuala tu mi a' feadalaich?'

'Cha chuala mi dad gus an robh e ro fhadalach.' Dh'inns e mar a thachair agus na thuirt am maor ris.

'Tha eagal orm gum bi ceannach againn air an obair seo.'

Bha a bhràthair tùrsach. Cha tuirt e guth airson greis.

'A bheil thu a' smaoineachadh gum fuadaich e sinn uile? Cha bu toigh leam Hallaig fhàgail.'

Chùm iad orra a' coiseachd. 'Chan eil mi cinnteach. Ach tha fhios agad mar a tha iad, faodaidh iad rud sam bith a thogras iad a dhèanamh. Tha an lagh air an taobh. 'S dòcha gun cuir iad a Rònaigh no a dh'Àrnais sinn.'

Nuair a ràinig iad dhachaigh, bha Dòmhnall Donn an athair ag obair san achadh faisg air an taigh. Bha e

---

Comunn Eilthireachd na Gàidhealtachd 's nan Eilean *Highlands & Islands Emigration Society (HIES)*
anail na uchd *idiom: out of breath*

a' coimhead orra gu dùrachdach agus gu h-iomagaineach mar gum biodh amharas aige gun robh rudeigin ceàrr.

'Ciamar a chaidh dhuibh? Tha mi a' faicinn gun d' fhuair sibh pìos math craoibhe.'

'Fhuair, ach chaidh breith oirnn,' thuirt Ruairidh gu leamh.

Dhorchnaich aodann athar. 'Istibh, cò rug oirbh?'

'Cò ach an t-umpaidh mòr e fhèin.'

'An Caimbeulach?'

'Seadh, an Caimbeulach.'

'Agus dè thuirt e?'

'Gu robh mi a' briseadh an lagha agus gun cluinninn bhuaithe a dh'aithghearr.'

Cha do chòrd na briathran ri athair. Bha fios aige cho suarach 's a bha an t-uachdaran 's am maor-gruinnd aige. Bha e air faicinn mar a chleachdadh iad an leisgeul a bu lugha airson daoine a ruagadh às na dachaighean aca. Nach robh iad air Hallaig shuas fhalamhachadh.

Nuair a chuala an còrr dhen teaghlach an naidheachd, bha iad fo iomagain mhòr. Cha b' fhada gus an robh fios aig a' bhaile air dè a thachair agus bha iadsan cuideachd fo iomagain. Ach dè a b' urrainn dhaibh a dhèanamh. Bha iad air faicinn am màl a' dol suas agus gun dòigh aca air a phàigheadh. Sin a' toirt an leisgeil don oighreachd an cur a-mach às na dachaighean. Agus mura falbhadh iad, thigeadh am maor le òrdugh-cùirte. Bha a' chumhachd uile aig an uachdaran.

Chùm Ruairidh e fhèin trang a' snaigheadh a' phìos craoibhe a thug e dhachaigh leis. Dh'fheumadh cas-chrom a bhith aige ged a dheigheadh a ghluasad gu ceann a tuath an eilein. Nam feumadh e a dhol a dh'Astràilia, mar a thachair do gu leòr eile, cha bhiodh i gu mòran feum.

Ach 's dòcha gun dèanadh i feum do chuideigin eile.

Mar a bha e a' snaigheadh, sgealb às dèidh sgealb, bha an smuain ga ghonadh gum feumadh e Hallaig fhàgail. 'S cinnteach gur e sin a thachradh. Bha e na bhreislich a' smaoineachadh air na thachair agus a' cur na coire air fhèin nach cuala e Iain a' feadaireachd. Bhiodh e duilich dha-rìribh nam biodh aige ri Hallaig fhàgail, àite far an robh e fad a bheatha. Bha an smuain ga thachdadh.

Bha e feargach gun robh uiread de chumhachd aig na h-uachdarain. Gum faodadh iad a chur a-mach às a dhachaigh mar a rinn iad air na ceudan eile, agus sin airson nì cho suarach ri a bhith a' gearradh craobh. Cha robh e cothromach ann an dòigh sam bith.

Chaidh an latha seachad gu slaodach. Bha e a' cumail sùil a-mach taobh Gualann nan Leac air eagal 's gun tigeadh cuideigin bhon oighreachd, ach dh'fhàs e dorcha 's cha robh duine air tighinn.

Chan eil fhios dè na planaichean a bha an Caimbeulach agus Rainy ag ullachadh.

---

a' snaigheadh *paring/carving*
ga ghonadh *paining/distressing him*

2.

An dearbh latha a chaidh breith air Ruairidh a' gearradh na craoibhe, nas fhaide air an latha, bha coinneamh anns an taigh mhòr, coinneamh a bhiodh aca bho àm gu àm airson bruidhinn mun oighreachd.

Taigh mòr Ratharsair, taigh an uachdarain. 'S e taigh mòr spaideil a bh' ann, ann am baile a' Chlachain ri taobh na mara. Bha seallaidhean brèagha dhen Eilean Sgitheanach aca bho na h-uinneagan, tarsainn air Caolas Ratharsair. B' ann le Mac Gille Chaluim agus a shliochd a bha e aig aon àm, ach a-nis bha e aig uachdaran ùr, Seòras Rainy.

Bhon àm a cheannaich e an taigh leis an oighreachd ochd bliadhna air ais, uile airson 35,000 gini, bha e air ùrachadh a dhèanamh air. 'S math a b' urrainn dha sin a dhèanamh. Cha robh dìth airgid air, agus e air fortan a dhèanamh às na h-oighreachdan tràilleachd aige. Bha iad sin air a bhith aige ann an Guyana, pàirt de dh'ìmpireachd Bhreatainn. A-nis seach gun robh e na dhuine uasal, dh'fheumadh e cumail suas ris na h-uaislean eile agus oighreachd agus taigh spaideil a bhith aige.

Bha an triùir fhireannach nan suidhe timcheall a' bhùird mhòir san t-seòmar-suidhe agus glainneachan fìon dearg air am beulaibh. Rainy fhèin, am maor-gruinnd aige, Donnchadh Caimbeul, agus an tuathanach chaorach

Royston MacCoinnich, a bha beag air bheag a' faighinn sealbh air an fhearann a b' fheàrr ann an Ratharsair.

Bha e air mhàl aige bhon uachdaran, agus e ga chur fo chaoraich. Dà bhliadhna air ais bha e air a' mhòr-chuid de thaobh an iar an eilein fhaighinn bho Rainy, bho Eighre sa cheann a deas gu Màthainis aig tuath. Bha e air tac Shuidhisnis fhaighinn ron sin agus sin far an robh e a' fuireach ann an taigh mòr Shuidhisnis.

Chùm Rainy an tuathanas eadar an Clachan agus Baile a' Chùirn, ris an canadh iad Home Farm, dha fhèin. Sin far an robh luchd-obrach na h-oighreachd a' fuireach. Chùm e cuideachd Baile a' Chùirn agus am Baile Meadhanach dha fhèin.

Thòisich Rainy a' choinneamh le bhith ag ràdh cho math 's a bha a' dol leis an às-imrich.

Ghabh e a' ghlainne na làimh. 'Togaidh mi glainne dhuibh fhearaibh, tha cùisean a' dol gu math. Chan fhada bhios duine air fhàgail anns na Feàrnaibh, Hallaig agus san Leac.'

Choimhead e ri MacCoinnich, 'Ciamar tha dol dhut ann an Suidhisnis, Glam agus Eighre?'

Thog an tuathanach a' ghlainne. 'Gu math, gu math. On a dh'fhàg na daoine, mar a tha fios agad, chan eil dragh sam bith ann. Fhàd 's a bhios prìs mhath ann airson nan caorach, agus tha sin ann, cha bhi duilgheadas agam le màl a phàigheadh. Agus bhithinn deònach gu leòr thacan eile a bhith agam mar Hallaig agus Sgreapadal a Deas.'

---

beag air bheag *little by little*

Choimhead an t-uachdaran air gu dian, 'Mar a tha fios agad, 's ann aig Iseabail NicMhurchaidh a tha Sgreapadal a Deas an-dràsta, ach ma dh'fhàgas i, bi cinnteach gur ann agadsa a bhios a' chiad chothrom air.'

'Dè mu dheidhinn Hallaig?'

'Mar a tha fios agad, tha Hallaig Shuas aig MacRath, ach ma dh'fhalbhas e bidh a' chiad chothrom agad air sin cuideachd. Tha ceithir teaghlaichean ann a' Hallaig Shìos fhathast, ach bidh e na thac nuair a dh'fhalbhas iad...'

Ghabh e balgam fìon mus do chùm e air.

'... agus cha bhi sin fada, tha mi an dùil am-bliadhna.'

Choimhead e ris a' Chaimbeulach, 'Dè do bheachd?'

'Tha mi 'n dùil gum bi iad air an slighe a dh'Astràilia ro dheireadh na bliadhna. Mar a tha fios agaibh, tha cuideachadh ann le na faraidhean bhon Highlands and Islands Emigration Society (HIES).'

'Tha, agus tha mise a' toirt cuideachadh math dhaibh cuideachd, a' toirt aodach is brògan dhaibh. Agus a thaobh màil, bidh iad saor bho fhiachan sam bith. Bidh e fada nas fheàrr dhaibh ann an Astràilia.'

Bha an t-uachdaran cinnteach nach biodh duilgheadas sam bith ann cuidhteas fhaighinn air na bha air fhàgail ann a' Hallaig. A' bhliadhna a cheannaich e an oighreachd agus airson bliadhnaichean às dèidh sin, bha gort uabhasach ann air sàillibh gaiseadh a' bhuntàta. Bha na daoine a' bàsachadh leis an acras agus bha e na uallach airsan mar uachdaran cobhair a dhèanamh air sluagh na h-oighreachd.

Rinn e sin, a' toirt a-steach iomadh bàta làn de mhin airson trì no ceithir bliadhna. Ach dh'fhàs e sgìth dhe sin agus nuair a fhuair e cothrom daoine a chuideachadh le às-imrich, no mar a chanadh daoine eile, am fuadach às an dachaighean, cha b' e ruith ach leum. Na bheachd-san, mura robh airgead aca am màl a phàigheadh, cha bu chòir dhaibh a bhith ann.

Bha e furasta toirt air na daoine falbh ma bha iad a' faighinn iasad bhon HIES, agus beatha ùr bhrèagha romhpa thall thairis. Bha a h-uile càil air a dhèanamh cho soirbh 's a ghabhadh dhaibh.

Bha an Caimbeulach air a bhith ag èisteachd ris a' chòmhradh eadar an t-uachdaran agus MacCoinnich.

Thuirt e, 'Bha mi shìos taobh Hallaig sa mhadainn agus fhuair mi fear a' gearradh chraobhan sa choille eadar na Feàrnaibh agus Hallaig. Ruairidh MacLeòid à Hallaig, aon de mhic Dhòmhnaill Dhuinn. Thuirt mi ris gu robh na bha e a' dèanamh an aghaidh an lagha.'

Choimhead Rainy air. Bha a shùilean cruaidh.

'Dè thuirt e ri sin?'

'Thuirt, "Dè an lagh, lagh na h-oighreachd no lagh na dùthcha?"'

Thàinig stad air an uachdaran airson mionaid. Fhreagair e ann an guth làidir. ''S e cunnart a th' ann daoine mar sin a tha a' cur ceist sna riaghailtean. Feumaidh sinn eisimpleir a dhèanamh dheth.'

'Tha thu ceart,' dh'aontaich am maor, 'tha fios math

---

cha b' e ruith ach leum *idiom: couldn't do it quickly enough*
soirbh *easy*

aca air na riaghailtean. An sgrìobh thu litir agus bheir mi thuige i?'

Dh'aontaich Rainy gun sgrìobhadh. Bha roghainnean aige.

Bha tòrr de shluagh a' chinn a deas, an fheadhainn nach deach a dh'Astràilia, a-nis air fearann aig ceann a tuath balla cloiche ann an Àrnais, balla fada ma b' fhìor a chaidh a thogail airson na fèidh a chumail a-mach. Chaidh cuid eile a Fhladaigh agus a Rònaigh, eileanan creagach air nach b' àbhaist duine a bhith a' fuireach.

Bha clag air a' bhòrd air am beulaibh. Rug e air a' chlag agus thug e crathadh air. Thàinig Tòmas Bunning, am buidealair aige a-steach ann an cabhaig. Bha Bunning air a bhith ag obair ann an Lunnainn agus Paris mus d' fhuair e obair bho Rainy. Sheas e aig an doras.

'Bha sibh gam iarraidh?' thuirt e gu modhail.

'An toir thu thugam peann dubh agus pàipear?' dh'òrdaich e.

Chaidh am buidealair a-mach agus thàinig e air ais leis na stuthan a bha a mhaighstir ag iarraidh.

Sgrìobh e litir agus thug e dhan Chaimbeulach i.

'Bu chòir gun dèanadh sin an gnothach, ach mura dèan, bidh e furasta gu leòr òrdugh-cùirte fhaighinn. Tha an gabhail aig an teaghlach sin a' tighinn gu ceann a dh'aithghearr.'

Thàinig snodha-gàire slìogach air aodann MhicCoinnich. Bha e eòlach air dòighean an uachdarain agus a' mhaoir-

---

buidealair *butler*
gabhail/gabhaltas *land rented from the landlord (not to be confused with a' gabhail - taking)*

ghruinnd aige, dòighean a bha a' toirt buannachd dhaibhsan.

Seach nach robh an gabhail aig croitearan ach airson bliadhna, nuair a thigeadh a' bhliadhna gu ceann bha e soirbh gu leòr an croitear agus a theaghlach a ruagadh a-mach. Gheibheadh esan an uair sin am fearann aca air mhàl. Ach bha e cudromach gun deigheadh gach mac màthar aca a sguabadh a-mach à baile. 'S ann an uair sin a gheibheadh esan sealbh air mar thac.

'Ma tha an dùthaich gu bhith fallain, feumaidh na h-oighreachdan a bhith fallain,' ars an Caimbeulach.

Ghnog Rainy a cheann a-rithist. 'Tha thu ceart, agus an aon dòigh air sin a dhèanamh, 's e daoine mar MhacCoinnich a bhith ann a chumas stoc chaorach agus a phàigheas màl. Chan eil màl sam bith as fhiach a' dol a thighinn bhon luchd-gabhail.'

Dh'aom MacCoinnich a cheann gu follaiseach. 'Tapadh leibh, a dhuin'-uasail. Ach tha sibh ceart, 's e caoraich an fhreagairt aig an àm seo, le prìs mhath air a' chlòimh agus na factaraidhean a' glaodhaich airson tuilleadh clòimhe. Bi cinnteach à seo, gum faigh sibh am màl bhuamsa, 's cha bhi sibh ann am fiachan.'

Chòrd na thuirt an tuathanach ris an uachdaran. Chan e gun robh amharas aige nach biodh am màl air a phàigheadh. Bha MacCoinnich a' dèanamh cinnteach gum pàigheadh e am màl airson gach tac nuair a bu chòir dha.

Chunnaic e na bha air tachairt dhan tuath, mar a bha iad air an sguabadh a-mach nuair nach b' urrainn dhaibh am màl a phàigheadh. Cha robh e ag iarraidh gun tachradh a leithid dhàsan.

3.

Goirid às dèidh do Ruairidh faighinn dhachaigh leis a' phìos craoibhe, bha an naidheachd aig a h-uile duine ann a' Hallaig. Naidheachd sam bith a bha a' beantainn ris a' bhaile bha e a' dol mun cuairt mar fhalaisg. Agus nuair a chuala iad gun deachaidh breith air Ruairidh leis a' mhaor-gruinnd, bha dragh mòr orra.

Chuala e athair a' bruidhinn ri aon de an nàbaidhean, Seumas Sheonaidh Mhòir, a bha a' fuireach an ath dhoras.

'Tha eagal orm nach e naidheachd ro mhath a bhios aig a' Chaimbeulach,' arsa Seumas.

'Tha eagal orm nach e,' dh'aontaich athair, 'tha fhios againn dè a thachair dha Iain MacLeòid agus a bhean Mairead, nach deach an cur a-mach às an dachaigh agus an taigh a losgadh mu an cinn.'

'Dìreach airson gun do phòs iad gun chead, tha e dìreach ain-diadhaidh na tha a' tachairt.'

'Ain-diadhaidh, sin dìreach am facal. Tha na truaghain an Astràilia a-nis.'

'Dia gum biodh leotha,' chrìochnaich Seumas.

Bha Ruairidh fo iomagain mhòr mu dheidhinn dè thachradh. Cha robh a chadal ach luaisgeanach a' smaoineachadh air dè a dh'fhaodadh tachairt dhan teaghlach aige. Bha e leamh gun deachaidh breith air. An latha às dèidh an tachartais, bha e a-muigh a' cuideachadh

---

a' dol mun cuairt mar fhalaisg *idiom: spreading like wildfire*
ain-diadhaidh *ungodly*
luaisgeanach *restless*

athar a' tionndadh an talaimh. Chunnaic e Iain a bhràthair a' tighinn na ruith thuca agus anail na uchd.

'Tha e a' tighinn, tha am maor a' tighinn air an each,' thuirt e, 'tha e shìos aig an allt.'

Cha b' fhada gus am faca iad am maor-gruinnd a' tighinn suas a' bhruthach air an each ghlas. Thàinig e a-nuas thuca. Choimhead e orra gu tàireil. Thug e litir a-mach às a phòcaid.

'Tha litir agam an seo bhon uachdaran. An-dè chaidh breith ortsa, a Ruairidh MhicLeòid, a' gearradh chraobhan anns a' choille. Mar a tha deagh fhios agad, tha sin toirmisgte. Tha an litir ag ràdh gum feum thu gluasad gu Àrnais. Tha seachd latha agad airson sin a dhèanamh.'

Choimhead Dòmhnall Donn air le iongnadh. 'Nach eil sin caran cruaidh air mo mhac, dìreach airson aon phìos craoibhe a ghearradh? Bha feum aige oirre airson cas-chrom a chàradh.'

'Sin an riaghailt. Bha fios aige oirre. Feumaidh riaghailtean a bhith ann, no bidh a h-uile mac-màthar a' dèanamh a thoil fhèin.'

Bha drèin air Ruairidh. Bha e a' faireachdainn fiadhaich, ach cha tuirt e guth.

Cha robh e ag iarraidh cùisean a dhèanamh na bu mhiosa dhan teaghlach aige. Ann an dòigh 's e faochadh a bh' ann gur e dìreach esan a bha air ainmeachadh san litir. Glè thric bhiodh teaghlach air fad air am fuadach nan dèanadh aon duine san teaghlach rudeigin ceàrr. Agus nan

---

toirmisgte *forbidden*

diùltadh iad gluasad, bha an-còmhnaidh an lagh agus am bàillidh ann.

Dh'fhalbh fear an eich gun an còrr a ràdh ach, 'Chì mi ann an Àrnais thu, 'ille.'

Nuair a dh'fhalbh e, choimhead Ruairidh agus athair ri chèile ann an imcheist. An toiseach cha robh fhios aca dè chanadh iad.

Mu dheireadh thuirt athair gu brònach, 'Bidh sinn gad ionndrainn, ach tha eagal orm...'

'Gum feum mi falbh... ach 's e mo ghòraich fhìn...'

'Na can sin idir, bha thu a' dèanamh do dhleasdanais. 'S iad na riaghailtean a tha ceàrr. Chan fhaod thu a bhith gad choireachadh fhèin.'

Bha Iain, a bhràthair, a bha còig-deug, ag èisteachd ris a h-uile facal. Bhiodh e ag ionndrainn a bhràthar. Bha e a' coimhead suas ris. Bha eagal air nach fhaiceadh e tuilleadh e, agus Àrnais aig ceann eile an eilein. Agus càit am fuiricheadh e ann an Àrnais?

Fhreagair athair a' cheist sin, 'Faodaidh tu fuireach còmhla ri Ailean gus am faigh thu air taigh a thogail.'

Bha Ailean Mòr, bràthair-athar, a' fuireach ann an Àrnais. Chaidh e fhèin fhuadach à Hallaig Shuas nuair a dh'fhaillich e air am màl a phàigheadh. A-nis bha bàta aige, às dèidh dha cuideachadh fhaighinn bhon riaghaltas, agus bhiodh e ag iasgach. 'S dòcha gum faodadh e a chuideachadh leis an iasgach.

'Bidh mi ceart gu leòr, na gabhaibh dragh,' thuirt e, a' feuchainn ri bhith misneachail, ged nach e sin a bha e a' faireachdainn.

Dh'fhalbh Iain a dh'innse dha mhàthair agus an còrr dhen teaghlach dè a thachair. Cha b' fhada gus am biodh fios aig a' bhaile air fad gun robh Ruairidh gu bhith air fhuadach. Bha athair ag iarraidh gum biodh coinneamh baile ann airson innse dhaibh dè a thachair. Cuideachd, airson bruidhinn mu fhathannan a bha a' dol mun cuairt mu às-imrich. Gum feumadh iad Hallaig fhàgail a dh'aithghearr.

Chaidh fios a chur gu na teaghlaichean eile agus choinnich na cinn-theaghlaichean ann an taigh Dhòmhnaill Dhuinn an oidhche sin fhèin. Bha teine math mòna ann am meadhan an làir agus crùisgeanan a' toirt solas a bharrachd. Seach gur e deireadh a' Ghearrain a bh' ann, bha e ro fhuar agus ro dhorcha coinneachadh a-muigh.

Thòisich Dòmhnall Donn a' choinneamh le bhith ag innse dè thachair do Ruairidh agus mar a thug an Caimbeulach litir dha ga fhuadach à Hallaig gu Àrnais. B' urrainn Dòmhnall Donn Beurla a leughadh ged nach b' urrainn don a h-uile duine a bha an làthair. Sheas e faisg air crùisgean agus leugh e an litir dhaibh. Bha lasraichean bhon teine a' soillseachadh aodainn:

---

crùisgeanan *oil lamps*

Estate Offices, Raasay House,
Thursday, 24th February, 1854
For the attention of Roderick MacLeod, Hallaig.

It has been brought to my notice that you have been cutting trees in woodland near Hallaig. As you well know, that is against the rules of the Estate and the punishment for such an offence is banishment from your township. You have seven days from the date of this letter to leave Hallaig and you are to settle in Àrnais until further notice. Failure to follow this order will result in the matter being taken to court.

Signed this day 24th February.

George Rainy
Landlord

Dh'inns Dòmhnall ann an Gàidhlig dè bha an litir ag ràdh.

'Tha sin uabhasach,' thuirt Alasdair Iain Theàrlaich, aon de na nàbaidhean, 'ach cò ris a bhiodh dùil, tha barrachd meas aca air craobhan agus caoraich na air daoine.'

'Tha thu ceart, tha sinn mar shalchar fo an casan,' thuirt nàbaidh eile, duine mòr foghainteach, Seumas Sheonaidh Mhòir. 'Bha e mar sin o chionn fhada ach gu h-àraidh on thàinig am fear grod Gallta a tha sin. Tha sinn uile duilich airson Ruairidh, chan e a choire-san a bh' ann.'

---

foghainteach *brave/hardy of stature*

Chrom Ruairidh a cheann. 'Tha mi duilich seo a thoirt air a' bhaile. Ach 's e faochadh a th' ann gur e dìreach mise a dh'fheumas falbh.'

'Bidh sinn gad ionndrainn 'ille,' thuirt Alasdair.

Bha monmhar de dh'aonta bhon chuideachd.

Thionndaidh an còmhradh gu dè a dh'fhaodadh tachairt do Hallaig agus na teaghlaichean a bha air fhàgail. Chunnaic iad uile mar a bha na bailtean eile gam fàsachadh agus an tuathanach mòr Royston MacCoinnich gan gabhail thairis.

Bha cuimhne mhath aca air mar a dh'fhalbh seachd teaghlaichean às na Feàrnaibh agus Hallaig air bàta Ìle dà bhliadhna air ais agus iad air an slighe a dh'Astràilia. Bell NicIllÌosa bhochd às na Feàrnaibh, cha d' fhuair i seachad air ospadal ann an Glaschu far an do chaochail i leis an fhiabhras-bhreac. Chùm an teaghlach aice orra a dh'Astràilia.

Dh'fhalbh mòran theaghlaichean eile air a' bhliadhna ud. Bha an t-uachdaran ro dheònach gum falbhadh iad agus bha e a' toirt beagan cuideachaidh dhaibh. Bha cuid a' faighinn cuideachadh bhon HIES.

'Chan eil dad an seo dhuinn tuilleadh ach bochdainn agus gort,' thuirt Dòmhnall Donn. 'Chan urrainn Astràilia a bhith nas miosa na seo.'

'Tha iad ag ràdh gum faigh daoine obair ann co-dhiù,' arsa Seumas.

'Agus cha bhi uachdaran thairis ort gad shàrachadh,' thuirt Alasdair.

---

monmhar *murmur*
chaochail i leis an fhiabhras-bhreac *she died of typhoid*

Dh'aontaich iad uile.

Bha cuimhne mhath aca air gaiseadh a' bhuntàta agus mar a bh' aca ri min fhaighinn bhon uachdaran airson cumail beò. Ach ma fhuair iad bolla mine gach seachdain, bha aca ri pàigheadh gu daor air a shon. Cha b' ann le airgead, cha robh sin aca, ach le saothair an cuirp a' cruthachadh bloighean de rathaidean cairte agus obair eile don uachdaran.

Bha iad air cluinntinn gun robh cùisean a cheart cho dona san Eilean Sgitheanach agus an àiteachan eile air a' Ghàidhealtachd. Daoine gun ghrèim a chuireadh iad nam beòil. Iad air an sguabadh às na dachaighean aca agus cìobairean is caoraich a' gabhail sealbh air an fhearann.

'Tha mi smaoineachadh nach bi e fada gus am faigh sinn fios,' thuirt Dòmhnall Donn.

Bha fios aca uile dè bha e a' ciallachadh.

'Tha iad ag iarraidh Hallaig a dhèanamh na thac mar a h-uile àite eile. Tha mi duilich nach bi mi ann nuair a thig am fios,' arsa Ruairidh. Bha e a' faireachdainn duilich a' smaoineachadh air mar a bhiodh Hallaig air fhàgail na fhàsach. Bhiodh e ag ionndrainn am baile san deachaidh a thogail.

''S dòcha gun coinnich sinn an Astràilia aon latha,' thuirt Seumas Sheonaidh Mhòir.

Rinn Ruairidh gàire fhann. 'Chan eil càil a dh'fhios.'

Thuirt Seumas gun robh bàta aig co-ogha dha anns a' Chlachan agus gun robh e cinnteach gun toireadh e

---

saothair an cuirp *bodily labour*
a cheart cho... *just as...*

bhon Chlachan gu Àrnais e. Bhiodh aige ri coiseachd na sia mìle dhan Chlachan ach bha sin nas fhasa na coiseachd bho Hallaig gu Àrnais a bha mu chòig mìle deug air falbh. Dh'aontaich Ruairidh gur e beachd math a bh' ann agus gur e sin a dhèanadh e.

Thug e sùil timcheall an rùm. Bha a mhàthair, a bhràithrean, a pheathraichean agus a sheanmhair uile air a bhith ag èisteachd ris a' chòmhradh. Bha deòir na shùilean a' smaoineachadh gum feumadh e am fàgail a dh'aithghearr. Bhiodh an dealbh ud na inntinn ge brith dè an t-àite san t-saoghal anns am biodh e. A sheanmhair air a' chuibhle-shnìomh, an teine ann am meadhan an làir agus an coire air an t-slabhraidh. Fàileadh cùbhraidh na mòna a' lìonadh an rùm.

Chrìochnaich a' choinneamh. Bha iad uile a' guidhe deagh thuras dha agus iad an dòchas gun deigheadh gu math dha ann an Àrnais. Thug a bhràthair Iain a' phìob-mhòr a-mach agus chluich e port dhaibh mus do dh'fhalbh na nàbaidhean.

---

slabhraidh *chain from which the kettle hung above the fire*

4.

Mar a gheall Seumas, bha co-ogha dha a' feitheamh ris anns a' Chlachan. Bha bàta aige agus thug e Ruairidh gu Loch Àrnais. Chuir e air tìr e beagan deas air Torran far an robh an laimrig. Bhiodh aige ri coiseachd gu taigh bràthair-athar ann an Àrnais, astar mu leth-mhìle. Nuair a dh'fhàg Seumas air a' chladach e, bha e a' faireachdainn air chall. Cha robh e air a bhith a-riamh ann an Àrnais. Gu dearbh, cha robh e riamh air a bhith a-mach à Hallaig, ach gun deachaidh e uair no dhà dhan Chlachan nuair a bha bàtaichean a' fàgail le eilthirich airson Àstrailia.

Bha e fhèin a-nis a' faireachdainn mar eilthireach. Ged nach robh e ach còig mìle deug air falbh bhon dachaigh a dh'fhàg e, bha e ga fhaireachdainn mar shìorraidheachd. Bha mu thràth cianalas air agus e ag ionndrainn a theaghlaich gu mòr. Saoil am faiceadh e iad tuilleadh? Bha eagal air nach fhaiceadh agus bruidhinn ann mu iad a bhith a' falbh a dh'Astràilia.

B' esan a bu shine dhen teaghlach aig ceithir air fhichead agus Niall beag a b' òige. Bha esan dusan agus bha e air a bhith cho duilich a' faicinn a bhràthar a' falbh. Sheas iad uile a-muigh aig an doras agus e a' falbh, a sheanmhair, athair agus a mhàthair, a thriùir pheathraichean agus a dhithis bhràithrean. Dealbh eile a dh'fhuiricheadh na chuimhne gu bràth.

---

laimrig *landing/mooring*

Bha athair air innse dha gun robh ceum ann eadar Torran agus Àrnais agus aon uair 's gun robh e air a' cheum, bhiodh e furasta gu leòr. Cha b' fhada gus an do lorg e an ceum. Bha e a' dol tro choille airson pàirt mhath dhen t-slighe. Thàinig e an uair sin a-mach às na craobhan agus bha e a' dol tron mhòintich bhuidhe lom gus am faca e a' chiad taigh.

Bha boireannach mòr le beannag oirre taobh a-muigh an taighe. Thug i sùil amharasach air, mar gum b' ann ainneamh a bhiodh i a' faicinn srainnsear.

'Am b' urrainn dhuibh innse dhomh far a bheil Ailean Mòr MacLeòid a' fuireach?' dh'fheòraich e.

Dh'fhàs a h-aodann na bu chàirdeile. 'Ò seadh, gu dearbh, Ailean Mòr à Hallaig.'

Smèid i far an robh taigh pìos air falbh. 'Sin an taigh aig Ailean còir. A bheil thu càirdeach dha?'

Cha leigeadh i air falbh e gus na dh'inns e cò e agus fàth a thurais. Bha i glè dhuilich an naidheachd a chluinntinn agus ghuidh i gach beannachd a bhith leis.

* * *

Bha bràthair-athar ag obair a' cladhach taobh a-muigh an taighe agus a mhac Calum còmhla ris.

Chuir iad fàilte mhòr air a chèile.

Chuir e iongnadh orra mac a bhràthar fhaicinn cho fada bhon taigh.

---

dh'fheòraich *enquired*
fàth a thurais *the reason for his trip*

'Uill, uill, 'ille dè fo ghrian a tha thu a' dèanamh an seo?' ars Ailean Mòr, ''S tu a tha a' coimhead fallain tapaidh mar as àbhaist.'

Dh'inns e dhaibh gu mionaideach mar a thachair.

Bha iad a' faireachdainn duilich air a shon.

''S e an donas fhèin a th' anns a' Chaimbeulach a tha sin,' ars Ailean Mòr.

'Agus ann an Rainy,' thuirt Ruairidh.

'Ò, gu dearbh, tha aon fhear cho dona ris an fhear eile.'

Bha eòlas math aig Ailean air obair Rainy. Gu dearbh, mar a thug e air fhèin gluasad à Hallaig ceithir bliadhna air ais agus mar a bha aige ri tighinn a dh'Àrnais.

'Faodaidh tu fuireach còmhla rinne gus am faigh thu taigh a chur air dòigh. Tha fios agam cho duilich 's a tha cùisean,' thuirt Ailean. Bha Ruairidh air a dhòigh gun do chuir bràthair-athar fàilte cho mòr air. Cha bhiodh e gun àite far am fuiricheadh e.

Chaidh e a-steach agus choinnich e ris a' chòrr dhen teaghlach. Bha teine math mòna ann am meadhan an làir. Bha a sheanmhair, màthair-athar, na suidhe ann am pladaig aig a' chuibhle-shnìomh. Bha Anna, bean Ailein, boireannach mòr tapaidh, a' rùrach anns an àmraidh.

Nuair a dh'inns e an stòiridh, bha iad a' tuigsinn glè mhath dè a thachair. Bha iad cleachdte ris. O chionn bhliadhnaichean bha an aon sgeulachd aig a h-uile duine. Daoine air am fuadach agus air an sgaradh bhon càirdean.

'Fuirichidh tusa còmhla rinne an-dràsta,' thuirt Anna.

---

pladaig *little blanket/shawl*
àmraidh *cupboard*

'Ò fuirichidh,' ghlaodh Oighrig, a sheanmhair, 'cha robh thu a' dol ga chur a-mach air an t-sitig an robh. An gille bochd.'

Rinn iad uile gàire.

Chuir Anna an coire air an t-slabhraidh.

'Cha bhi e fada a' goil agus gheibh thu cupa math tì.'

'Bidh an t-acras air às dèidh dha tighinn cho fada,' thuirt Oighrig.

Bha aige ri aideachadh gun robh beagan acrais air. Cha robh e air ithe on a dh'fhàg e an taigh anns a' mhadainn. Thug Anna air suidhe aig a' bhòrd agus cha b' fhada gus an robh e ag ithe aran-coirce le gruth agus bàrr.

'Bidh thu ceart gu leòr an seo, 'ille, cha bhi càil a dh'èis ort,' ars Ailean gu sunndach.

Rinn e snodha-gàire air ais. Bha e a' faireachdainn cofhurtail am measg chàirdean.

An oidhche sin thàinig nàbaidhean a chèilidh, Iain, an nighean aige Iseabail agus a bràthair Eòin. Shuidh iad uile air an t-sèis mhòr fhada a bha air aon taobh dhen teine. Chaidh iadsan iad fhèin fhuadach às na Feàrnaibh.

Thug e an aire sa bhad dha Iseabail, na suidhe eadar a h-athair agus Eòin. Chan fhaca e riamh nighean cho brèagha, le a falt fada donn agus a sùilean uaine aighearach agus i cho beothail na giùlan.

An oidhche sin bha iad a' bruidhinn mu iomadh cuspair ach bha iad an-còmhnaidh a' tionndadh air ais gu na fuadaichean agus suidheachadh an eilein.

---

air an t-sitig *outdoors/on the midden*
cha bhi càil a dh'èis ort *you won't lack*
an t-sèis *the wooden bench*

Bho thòisich sgeama an HIES, mar a bha aca air, bha na ceudan air an t-eilean fhàgail. Dà bhliadhna air ais gu h-àraidh bha mòran theaghlaichean air a dhol a dh'Astràilia. Dh'fhalbh iad air na bàtaichean am *Borneuf*, an *Georgiana*, an *Ontario* agus an *Ticonderoga*. Dh'fhàg iad o Liverpool ach an *Georgiana* a sheòl à Glaschu.

Chuir e iongnadh air Ruairidh cho eòlach 's a bha bràthair-athar air na bha a' tachairt. Ach b' e an t-adhbhar gum biodh e a' dol a Phort Rìgh airson iasg a reic agus bhiodh e a' coinneachadh ri daoine an sin agus a' faighinn naidheachdan.

Bha e soilleir nach ann dìreach ann an Ratharsair a bha fuadaichean. Bha bochdainn uabhasach anns an Eilean Sgitheanach cuideachd. Agus bha Dòmhnallach Shlèite agus MacLeòid Dhùn Bheagain ro dheònach gum falbhadh daoine a dh'Astràilia no a Chanada. 'S e an aon bheachd a bha aig a' mhòr-chuid de na h-uachdarain, faighinn cuidhteas nan daoine agus caoraich a chur nan àite.

'Tha e sgreataidh na tha a' tachairt agus nach urrainn dhuinn dad a dhèanamh mu dheidhinn,' thuirt Iain.

'Sgreataidh,' dh'aontaich Ailean, 'ach 's dòcha gu bheil daoine nas fheàrr dheth thall thairis. Chan eil diù a' choin aig na h-uachdarain, Rainy nam measg.'

'Chan eil,' ars Iseabail, 'agus 's esan as miosa dhiubh uile. Smaoinich a' cur Ruairidh a-mach às an taigh airson pìos craoibhe a ghearradh.'

'Chan eil e ceart,' thuirt Ailean, 'ach sin an saoghal anns a bheil sinn. Feumaidh sinn a bhith làidir.'

Thug Ruairidh an aire gun robh rudhadh an gruaidhean Iseabail, agus gur e nighean gu math sunndach a bh' innte. Chuir e iongnadh air gun robh boireannach òg a' bruidhinn cho pongail.

Dh'inns Iain dhaibh gun robh e air litir fhaighinn à Astràilia, bho nàbaidh às na Feàrnaibh a dh'fhalbh air a' *Bhorneuf* à Liverpool gu Geelong dà bhliadhna air ais. Bha dhà-dheug air fhichead à Ratharsair air a' bhàta sin. Phàigh Rainy am faradh aca. Bhàsaich còrr is ceithir fichead air an t-slighe a-null.

Thuirt Ailean gun robh an fheadhainn a dh'fhalbh air an *Georgiana* à Glaschu gu Geelong na b' fheàrr dheth. Bha dotair math aca air bòrd agus bha cuideigin ann le fidheall. Thug an caiptean agus an dotair orra dannsa air an deic a h-uile oidhche, nam biodh an t-sìde freagarrach. Cha do bhàsaich ach aon neach air an turas, leanabh a chaidh a bhreith air bòrd. Mhair i dìreach naoi latha.

'Tha mi a' smaoineachadh,' ars Ailean, 'nach bi e fada gus am falmhaich iad Hallaig. Tha mi a' cluinntinn fathannan. An cuala tu fhèin guth, a Ruairidh?'

'Tha sùil aig MacCoinnich ann, chan eil mi a' smaoineachadh gum bi e fada. Chan eil ann ach ceithir teaghlaichean, mar tha fhios agaibh.'

'Agus dè mar a tha iad a' faireachdainn mu dheidhinn falbh?' dh'fhaighnich Anna.

'Chan eil iad ag iarraidh ach feumaidh iad agus an cùmhnant màil aca a' tighinn gu crìch.'

'Tha e deamhnaidh,' ars Oighrig, 'thàinig droch latha air an eilean.'

Chuimhnich i dhaibh mar a b' àbhaist cùisean a bhith. Mar a dh'èirich ceud fear à Ratharsair airson sabaid aig Cùil Lodair. Mar a dh'fhalaich am Prionnsa air an eilean agus mar a fhuair e às le a bheatha. Mar a chaidh an taigh mòr a sgrios agus a h-uile taigh eile leis na saighdearan dearga. Cha b' e dìreach na taighean ach na h-eathraichean cuideachd, ged a bha duine no dithis ann a dh'fhalaich na h-eathraichean aca, seanair Ailein nam measg.

Thionndaidh an còmhradh gu pìobaireachd. Bha iad uile pròiseil à Aonghas, mac Iain Ruairidh, a bha na phìobaire aig a' Bhanrigh Bhictòria. Bha Clann Mhic-Ruairidh ainmeil mar phìobairean agus bhuineadh iad do dh'Eighre.

'Siuthad Eòin,' ars Ailean, 'nach toir thu dhuinn port air a' phìob.'

Bha Eòin dìreach seachd-deug, ach bha e math air a' phìob.

'Tha a' phìob aig an taigh. Chan eil i agam,' thuirt e.

Cha robh e ro dheònach a dhol ga h-iarraidh. Ach às dèidh a h-uile duine a bhith ag ràdh, 'Siuthad Eòin, nach toir thu dhuinn port,' dh'fhalbh e. Thàinig e air ais ann an cairteal na h-uarach agus thug e dhaibh puirt air a' phìob. Nam measg bha 'Cailleach Liath Ratharsair' agus 'Tha Biodag aig MacThòmais'.

Chuir an ceòl a h-uile duine ann an deagh shunnd. Rinn iad uile moladh air a' chluich aig Eòin, ag ràdh gum biodh e cho ainmeil ri Aonghas, mac Iain Ruairidh aon latha. Bha Eòin na ghille caran socharach. Cha tuirt e guth ach rinn e gàire.

Bha Ruairidh a' faireachdainn gun robh oidhche mhath air a bhith ann. Bha a h-uile duine cho coibhneil. Ged a bha cianalas air airson Hallaig 's dòcha nach biodh e cho dona ann an Àrnais 's a bha e an dùil. Bha Iseabail air snodha-gàire laghach a dhèanamh ris nuair a bha i a' falbh. 'S dòcha gum faigheadh e fhathast air barrachd eòlais a chur oirre.

---

socharach *shy*

5.

A' chiad oidhche ud ann an Àrnais, rinn e leabaidh dha fhèin anns a' cheann dhen taigh far am biodh iad a' cadal. Rinn e an leabaidh de fhraoch agus fodair le plangaid air muin sin agus plangaid eile ga chòmhdach. Bha Calum, an gille aig Ailean, a bha seachd bliadhna deug a dh'aois, ann an leabaidh faisg air làimh.

Cha robh e furasta dha cadal. Bha inntinn a' dol air ais gu a bheatha ann a' Hallaig agus gu làithean òige. Cha robh e ach sia-deug nuair a thòisich gaiseadh a' bhuntàta ann an 1846. 'S e am buntàta a bha air a bhith gan cumail beò agus nuair a thàinig an gaiseadh, cha robh biadh aca. Bha aca ri cuideachadh fhaighinn bho Chomataidh na Bochdainn agus bhon uachdaran.

Bha cuimhne aige a bhith ag obair air an rathad eadar Hallaig agus na Feàrnaibh còmhla ri grunn eile. Cha robh am pàigheadh math, ach bha e gan cumail beò. Ach cha do dh'fhàs cùisean na b' fheàrr. Dh'fhàs Rainy sgìth dhe bhith a' toirt cuideachadh seachad. Cha b' urrainn dha na daoine am màl a phàigheadh. Dh'fheumadh iad falbh.

Chunnaic e na daoine air am fuadach bho Hallaig. Thug sin buaidh mhòr air. Iad a' gal mar a bha iad a' fàgail. Clann is athraichean is màthraichean. Ach gu h-àraidh thug e buaidh air a bhith a' faicinn Màiri a' fàgail.

Bha gaol a chridhe aige oirre, ged nach robh fios aicese

air sin. Bhiodh e ga faicinn uaireannan nuair a bhiodh i a-muigh leis a' chrodh. Ach cha d' fhuair e cothrom bruidhinn rithe gus aon latha a choinnich iad air a' chnoc. Bha brag aig a chridhe na bhroilleach. Mu dheireadh bha an cothrom air a thighinn còmhradh a dhèanamh leatha.

Bha an dithis aca diùid agus cha do mhair an còmhradh fada. Ach a-riamh on latha sin bhiodh a smaointean oirre agus uair sam bith a chitheadh e i a-muigh aig a' chrodh, dheigheadh e a bhruidhinn rithe. Aon latha chanadh e ris fhèin gun iarradh e oirre a phòsadh.

Ach fhuair e briseadh-dùil. Air latha brèagha samhraidh bha i a-muigh leis an dà bhoin mar a b' àbhaist 's i gan toirt a-mach airson feurach. Gu neo-àbhaisteach, bha i a' coimhead tùrsach.

'A bheil dad a' cur dragh ort?' dh'fheòraich e.

'Tha sinn a' fàgail aig deireadh na mìos.' Bha deòir na sùilean.

'A' fàgail!' ghlaodh e. 'Dè tha thu a' ciallachadh?'

'Tha sinn a' dol a dh'Astràilia. Feumaidh sinn Hallaig fhàgail.'

Bha na thuirt i na buille mhòr dha. Bha a chridhe goirt. Cha robh e ag iarraidh innse dhi an gaol mòr a bh' aige dhi agus gun robh e ag iarraidh a pòsadh. Dè am feum a dhèanadh e. 'S ann a dhèanadh sin cùisean na bu mhiosa dhi. Dh'fheumadh e na bha e a' faireachdainn a chumail aige fhèin. Bha Astràilia air taobh eile an t-saoghail. Chan fhaiceadh iad a chèile tuilleadh.

Ged a bha a chridhe brùite, cha tuirt e ach, 'Tha mi cho duilich sin a chluinntinn.'

Mar gum biodh i a' leughadh a smaointean, sheall i air le sùilean cràdhte, 'Bidh mise duilich cuideachd.'

Bha i cho brèagha na seasamh air a' chnoc an latha ud agus a falt fada donn a' sruthadh thar a guailnean agus beanntan an Eilein Sgitheanaich cho eireachdail air a cùlaibh.

Bhiodh cuimhne aige air an t-sealladh ud gu bràth.

Bha e ga h-ionndrainn fhathast, ach dè am feum, chan fhaiceadh e tuilleadh anns an t-saoghal seo i. Dh'fhalbh i fhèin agus a teaghlach à Ratharsair air an stiomair, an *Cygnet*, gu Glaschu agus às an sin gu Liverpool. Sheòl iad air bàta-siùil am *Borneuf* a' dol gu Geelong. Ann an litir a thàinig bho Astràilia dh'ionnsaich e gun robh i air fear às an Eilean Sgitheanach a phòsadh. Ò uill, sin mar a tha an saoghal, smaoinich e.

Leis na smaointean ud a' ruith na cheann, mu dheireadh thuit e na chadal.

Anns a' mhadainn às dèidh am bracaist, thuirt Ailean Mòr ris a thighinn còmhla ris. Thug e sìos e gu ìochdar an fhearainn aige far an robh taigh-tughaidh a bha a' coimhead gu math robach, ach 's e taigh a bh' ann.

'Bha an taigh seo leis an teaghlach MacIlleathain ach rinn iad imrich gu Astràilia mar gu leòr eile. 'S e coitearan a bh' annta. Ma tha thu ag iarraidh an taigh seo, tha thu di-beathte. Tha feum aige air sgioblachadh.'

---

di-beathte *(you're) welcome*

'Tha sin uabhasach còir dhuibh ach a bheil sibh cinnteach nach eil feum agaibh fhèin air?'

'Chan eil, chan eil. Chan eil ann ach an còignear againn agus tha sinn gu math cofhurtail far a bheil sinn. Anns na droch làithean a th' ann, feumaidh sinn a bhith a' cuideachadh a chèile.'

Thug e taing dhùrachdach dha bràthair-athar. Bha mu thràth a' ruith na inntinn na rudan a dh'fheumadh e a dhèanamh ris an taigh.

'Tha mi a' creidsinn,' thuirt Ailean, 'gu bheil an taobh a-staigh mar a dh'fhàg iad e.'

Chaidh iad a-steach na bhroinn agus 's ann mar sin a bha. Bha an teine ann am meadhan an làir agus slabhraidh crochte os a chionn, agus coire dubh air an t-slabhraidh. Bha beagan àirneis ann cuideachd, dreasair agus sèise agus àmraidh, dìreach mar a dh'fhàg na daoine e. Gu h-iongantach, bha biota ann cuideachd airson a bhith a' dèanamh ìm.

Bha seòmar eile ann nas fhaide shuas far am biodh iad a' cadal. Agus ann an sin bha leabaidh agus beagan aodaich oirre.

'Dh'fhalbh iad ann an cabhaig. Cha robh roghainn aca,' thuirt Ailean.

Dhrùidh an sealladh air Ruairidh gu mòr. Stad e a' coimhead timcheall. Nach ann mar seo a bha o chionn bhliadhnaichean, daoine air an ruagadh às na taighean. A' falbh ann an cabhaig gun fios aca dè bha romhpa. Bha e

---

biota *butter churner*

a' faireachdainn ciontach a' gabhail thairis taigh nach bu leis.

'A bheil sibh a' smaoineachadh gun till iad?'

'Na biodh dragh ort, tha iad ann an Astràilia a-nis. Cha thill idir. Cò chaidh a dh'Astràilia agus a thill?'

Bha rud eile a' dèanamh dragh dha, ge-tà. Am feumadh e cead fhaighinn bhon uachdaran? Nam faigheadh an oighreachd a-mach gun robh e a' fuireach san taigh, bhiodh e ann an cunnart.

'Och na gabh dragh,' arsa bràthair-athar, nach robh gealtach ann an dòigh sam bith, 'nach e an coire fhèin a th' ann ga do ruagadh a-mach às do dhachaigh. Càit 'n robh thu a' dol a chadal, air an fhraoch?'

Rinn e gàire. Bha bràthair-athar ceart. 'S e iad fhèin a chuir a dh'Àrnais e. Cha b' urrainn dhaibh coire a chur air ma bha e a' gabhail fasgadh ann an seann tobhta.

Dh'fheumadh e am mullach a chàradh an toiseach agus tughadh ùr a chur air. An uair sin am broinn a dhèanamh seasgair. Choimhead e far an robh an teine. Cha robh ann ach luath ghlas.

Thug Ailean an aire gun robh e a' coimhead ris an teine.

'Na biodh dragh ort, faodaidh tu beagan dhen mhòine againne fhaighinn gus am faigh thu air do chasan.'

'Bhiodh sin sgoinneil fhèin, ach gu cinnteach pàighidh mi air ais sibh nuair a gheibh mi an cothrom.'

'Faodaidh tu mo chuideachadh leis an iasgach. Bidh mi ag iasgach airson saoidhean agus ucas. Bidh sin na phàigheadh gu leòr. Cuir do làmh an siud.'

---

luath *ash*
saoidhean *saithe*
ucas *mature saithe*

Rug iad air làimh a chèile. Bha Ruairidh a' faireachdainn gur e bargan math a bh' ann, esan a' cuideachadh bràthair-athar leis an iasgach agus taigh aige a bha leis fhèin. Bha e a' faireachdainn na b' fheàrr mun t-suidheachadh anns an robh e. 'S dòcha nach biodh Àrnais cho dona às dèidh a h-uile càil a thachair. Agus bha Iseabail ann mu leth-mhìle air falbh. Saoil am faigheadh e cothrom bruidhinn rithe?

An latha sin fhèin, thòisich e ag obair air an taigh. B' e a' chiad rud am mullach a dhèanamh dìonach. Dh'fhaodadh e an uair sin coimhead ris an taobh a-staigh. Fhuair e iasad de chorran bho Ailean agus chaidh e dhan mhòintich airson fraoch fhaighinn. Bho far an robh e ag obair, chitheadh e taigh athair Iseabail. Bha e an dòchas gum faiceadh e a-rithist i, ach cha robh dùil aige a faicinn cho aithghearr. Ach gun teagamh bha i a' coiseachd a-nuas bhon taigh agus i a' giùlan rudeigin air a druim.

Nuair a thàinig i na b' fhaisge, chunnaic e gur e cliabh a bh' aice.

'Bha sinn a' smaoineachadh gum biodh seo gu feum dhut,' thuirt i le gàire. 'Chunnaic mo mhàthair thu ag obair agus thuirt i rium an cliabh a thoirt suas thugad, gum biodh e na b' fhasa airson am fraoch a ghiùlan.'

Chuir i a làmh don chliabh agus thug i a-mach pìos aran-coirce agus càise. 'Thuirt i rium seo a thoirt dhut cuideachd.'

Choimhead e oirre gu do-chreidsinneach. Cha

---

iasad de chorran *loan of a sickle*

mhòr nach do chuir a coibhneas beul-sàmhach air. Mu dheireadh thuirt e, 'Tha thu cho còir, agus do mhàthair, thoir taing dhi airson smaoineachadh orm.'

'Tha fhios againn mar a tha cùisean,' thuirt i gu h-aotrom, 'chan e do choire-sa a bh' ann gun deachaidh d' fhuadach à Hallaig, agus cha bhi mòran bìdh agad, tha mi cinnteach.'

'Tha beagan mine agam a thug mi leam, ach cuideachd tha mi a' dol a dh'obair còmhla ri Ailean air an iasgach, agus tha mi cinnteach gum faigh mi na chumas beò mi.'

Chuimhnich e mar a bhruidhinn i ann an taigh Ailein mu dheidhinn Rainy. 'Agus tapadh leat airson na thuirt thu a-raoir. Tha mi toilichte gu bheil thu a' tuigsinn an seòrsa duine a th' ann an Rainy.'

'Tha e uabhasach, ga do chur a-mach às an taigh airson craobh a ghearradh. Chan eil e ceart.'

Dh'inns e dhi mar a thachair, mar a thàinig am maor-gruinnd air gun fhiosta agus e a' gearradh na craoibhe. Mar a thàinig e le litir, a sgrìobh Rainy, an ath latha ag ràdh ris gum feumadh e a dhachaigh fhàgail agus a dhol gu Àrnais.

Bha i làn co-fhaireachdainn. 'Tha sin uabhasach, droch dhuine a th' ann an Rainy.'

'Fìor dhroch dhuine, tha iad ag ràdh gu robh tràillean aige ann an Guyana agus gur ann mar sin a fhuair e a chuid airgid.'

'Cha chuireadh e iongnadh orm idir, tha e a' coimhead oirnne mar thràillean.'

'Cha tuirt thu facal na b' fhìora.'

'Feumaidh mi falbh a-nis,' thuirt i, agus dh'fhalbh i air a socair sìos chun an taighe.

Gheall e gun toireadh e an cliabh air ais nuair a bhiodh e deiseil, a' toirt taing chridheil dhi aig an aon àm. Choimhead e oirre agus i a' coiseachd air ais dhachaigh agus gàire an toileachais air aodann.

An latha sin bha e ag obair bho mhoch gu dubh, a' cruinneachadh fraoch agus ga thoirt ais chun an taighe. Bha e air spionnadh a thoirt dha Iseabail fhaicinn agus gun robh i air tighinn leis a' chliabh agus biadh dha. 'S e nighean ghasta a bh' innte gun teagamh sam bith.

6.

’S e àm an earraich àm an iasgaich nuair a bhiodh iad ag iasgach leis na lìn mhòra. Leis na lìn sin bhiodh iad a’ glacadh trosg agus langa agus liùgh agus ucas. Bha gu leòr aig Ruairidh ri ionnsachadh mun iasgach. Bhiodh e ag èirigh tràth agus a’ dol don laimrig aig Loch Àrnais còmhla ri Ailean agus na h-iasgairean eile.

’S e na lìn mhòra – loidhnichean fada de chainb le dubhain orra – a bhiodh iad a’ cleachdadh airson èisg mar an trosg agus an langa a ghlacadh. Ach dh’fheumadh iad biathadh airson nan lìon sin agus ’s e sgadan am biathadh a bhiodh iad a’ cleachdadh. Dh’fheumadh am biathadh a bhith ùr agus dh’fheumadh iad sgadan a ghlacadh ann an lìn sgadain mus deigheadh iad a dh’iasgach airson èisg mhòra.

Mhìnich Ailean dha mar a bhiodh na lìn sgadain ag obair. Dh’fheumadh iad an toirt chun a’ chladaich agus an cur sa bhàta an oidhche ron iasgach. Bha thu a’ ceangal nan lìon ri chèile – suas gu deich lìn – agus aig ceann na sreatha bha acair bheag airson an cumail nan àite fad na h-oidhche. Cuideachd, bha ròpa ‘ceann mara’ aig ceann gach sreath. Bha sin ga cheangal ris an acair agus ris an lìon.

Bha put air an ròpa sin a’ tighinn gu uachdar na mara. Thogadh iad sin anns a’ mhadainn. Bhiodh àircean agus

---

trosg *cod*
langa *ling*
liùgh *lythe*
cainb *hemp*
biathadh *bait*
put *buoy*
àircean *corks*

putan air gach earrainn dhen lìon airson a cumail air an uachdar. Dh'aithnicheadh iad nuair a bhiodh sgadan ann. Tràth sa mhadainn bhiodh iad a' tighinn gu uachdar na mara agus bhiodh builgeanan beaga air an uisge. Bhiodh na h-eòin-mhara a' dàibheadh, comharra cinnteach gun robh èisg ann.

Thogadh iad na lìn sgadain aig briseadh-latha agus 's dòcha gum biodh dà bhasgaid de sgadan aca. Bhiodh sin gu leòr biathaidh airson nan lìon mòra.

Sheall Ailean dha Ruairidh mar a ghearradh e an sgadan airson a' bhiathaidh, trì pìosan mas e sgadan mòr a bh' ann agus dà phìos nam biodh na bu lugha. Bha basgaid aig gach iasgair leis na loidhnichean cainb agus dà cheud dubhan air an cuireadh e am biathadh. Bha na dubhain trì òirlich a dh'fhaid. 'S e obair mhòr a bh' ann a bhith a' cur biathadh air na dubhain.

'Feumaidh sinn a dhol mìle no dhà a-mach bhon chladach,' thuirt Ailean, ''s ann air na bancaichean mòra a bhios na h-èisg mhòra agus tha iad sin gu math domhain.'

Bha Ruairidh a' cur biathadh air na dubhain. 'Ciamar a tha mi a' dèanamh leis a' bhiathadh?'

'Tha thu a' dèanamh gu math,' arsa Ruairidh Beag, aon dhe na h-iasgairean, 'airson gille nach fhaca dubhan riamh.'

Rinn iad uile gàire.

Bha e fìor nach robh e eòlach air an iasgach, ach bha e ag ionnsachadh gu luath. Bha e a' còrdadh ris a bhith còmhla ris na h-iasgairean. Bhiodh fealla-dhà agus eirmseachd a' dol gu math tric.

'Tha e neònach,' arsa Dòmhnall 'an Ruairidh, 'nach eil fleasgach cho eireachdail, gasta pòsta fhathast.'

Sheall Ailean ris, ''S tu tha dàna ag ràdh a leithid ris 's tu fhèin gu math fadalach gun phòsadh.'

'Ge-tà, bha strì agamsa mus fhaighinn tè, chan eil mi idir cho eireachdail ri Ruairidh.'

''S tu fhèin a thuirt e,' ars Ailean, mas fhìor le drèin.

Sheall Ruairidh Beag ri Ruairidh, 's e a' dèanamh sùil bheag ri Ailean, 'Nach eil sùil agad 'ille ann an tè?'

'Nam biodh, chan innsinn dhuibhse e.' Rinn iad uile gàire.

'Saoilidh mi gu bheil sùil aige ann an tè, ach cha chan mi cò,' ars Ailean.

Dh'fhairich Ruairidh a chridhe a' toirt breab, ach cha tuirt e guth.

Anns a' bhaile cha robh càil a' dol seachad orra. Saoil an robh iad air an aire a thoirt dha a' bruidhinn ri Iseabail nuair a thàinig i thuige leis a' chliabh. Chuir sin na chuimhne gum feumadh e an cliabh a thoirt air ais thuice. Bha e air a bhith feumail airson am fraoch a tharraing chun an taighe. Smaoinich e nam faigheadh iad iasg gum faodadh e cuid a chur sa chliabh nuair a thilleadh e leis.

'S e an-diugh a' chiad turas aige a dhol a dh'iasgach leis na lìn mhòra. Bha a' ghaoth bhon iar-dheas agus bha

---

eirmseachd *witticism*
fleasgach *eligible bachelor*

oiteag bheag oirre. Chuir iad suas na siùil agus sheòl iad trì mìle chun iar-thuath gus an robh iad am meadhan a' chaolais le Eilean Fhlodaigh chun an ear agus eilean beag Thuilm chun an iar agus chuir iad a-mach na lìn. Thigeadh iad air ais madainn a-màireach gus na lìn a thogail.

Nuair a fhuair Ruairidh dhachaigh an oidhche sin bha e cho sgìth ri cù. Bha e air a bhith ag obair trang eadar an t-iasgach agus ag obair air an taigh. Ach bha e cuideachd toilichte mar a bha cùisean a' dol. Bha taigh aige agus obair às am faigheadh e biadh a chumadh beò e. Agus bha nighean bhrèagha ghasta a' fuireach faisg air.

Chuir e fàd no dhà air an teine. Dh'èirich a' cheò chun a' mhullaich. Chòrd fàileadh na mòna ris. Cha b' fhada gus an robh am buntàta agus an sgadan a chuir e air bruich agus deiseil airson ithe. Shuidh e aig a' bhòrd.

Chuala e fuaim aig an doras. Cò bh' ann ach Iseabail agus Eòin a bràthair. Chuir e fàilte bhlàth orra.

'Thigibh a-staigh, thigibh a-staigh agus dèanaibh suidhe. Cuiridh mi an coire air airson tì.'

'Thàinig sinn aig an àm cheàrr, nuair tha thu a' gabhail do bhiadh.'

'Na gabhaibh dragh, tha mi gu bhith deiseil. Suidheadh sibhse an sin.'

Shuidh iad air a' bheing ri taobh an teine.

Bha e toilichte nàbaidhean fhaicinn. Bha e mar sin ann a' Hallaig cuideachd, cha robh glas air doras agus bhiodh

---

fàd *a slab of peat*

iad a' dol a-mach 's a-steach à taighean a chèile gun bhacadh. Dh'inns e dhaibh mar a bha e air a bhith ag iasgach, gun robh na lìn air an cur sìos agus gum faigheadh iad a-mach làrna-mhàireach ma bha iasg ann.

'Agus ma bhios iasg ann, gheibh sibh cuid dheth gun teagamh sam bith.'

Rinn Iseabail gàire, 'Faodaidh tu an cliabh a lìonadh leotha.'

Rinn e gàire air ais, 'Ò, cha do dhìochuimhnich mi an cliabh agaibh idir. Bha mi a' dol ga thoirt air ais dhuibh nuair a gheibhinn iasg a chuirinn ann, agus bidh sin tha mi an dòchas a-màireach.'

'Tha mo phiuthar cho mì-mhodhail,' arsa Eòin agus e a' dèanamh drèin rithe.

'Och, chan eil i, 's ann a bha i ri fealla-dhà.'

Shuidh e ri an taobh aig an teine. Thionndaidh an còmhradh gu Astràilia agus mar a bha daoine a' fàgail an eilein.

'Mus bi an samhradh seachad 's ann an sin a bhios sinn, tha eagal orm,' ars Iseabail.

Sheall Ruairidh oirre gu ceasnachail, 'Chan eil sin cinnteach fhathast, tha fhios.'

'Chan eil, chan eil,' thuirt i gu cabhagach agus rudhadh na gruaidh.

Rud a thug Ruairidh an aire dha.

Dh'inns i mar a bhiodh a h-athair agus a màthair a' bruidhinn mu dheidhinn imrich a dhèanamh. Cha

---

làrna-mhàireach *the next day*

robh beatha dhaibh air an eilean, dìreach bochdainn. Am màl a' dol suas a h-uile bliadhna. Cha robh dòigh ann a b' urrainn dhaibh a phàigheadh. Dh'aontaich iad uile gur e rud mì-chiatach a bha a' tachairt.

'Tha iad ag ràdh gu bheil fearann gu leòr an Astràilia,' ars Eòin.

Dh'aontaich Ruairidh, 'Fearann gu leòr agus obraichean. Tha iad ag ràdh gu bheil tuathanasan mòra ann le caoraich agus crodh.'

Choimhead Iseabail ris, 'Agus chan eil uachdarain ann mar a tha an seo.'

'Sin cnag na cùise, nach e?' thuirt e gu feargach. 'Tha cumhachd aca thairis oirnne 's chan eil dad ann as urrainn dhuinn a dhèanamh. Chan eil còraichean againn 's tha an lagh air an taobh.'

Choimhead e ri Eòin, 'Ciamar a chòrdadh e riut fhèin a dhol a dh'Astràilia?'

'Bhiodh Astràilia fhèin ceart gu leòr... ach an turas a-null. Tha mi cluinntinn gu bheil tòrr dhaoine a' bàsachadh air an t-slighe.'

Dh'aontaich Iseabail. Dh'inns i mar a bha a h-athair a' bruidhinn air a' *Phriscilla* a dh'fhàg dà bhliadhna air ais airson Astràilia. Bha mòran dhaoine air bòrd às an Eilean Sgitheanach, bho oighreachd an Dòmhnallaich. Bhrist a' ghriùthrach a-mach agus chailleadh aon duine deug air fhichead air a' bhòidse. Nuair a ràinig iad Port Phillip chaidh an cur gu stèisean cuarantain far an robh am

---

mì-chiatach *improper*
bhrist a' ghriùthrach a-mach *measles broke out*
cuarantain *quarantine*

fiabhras-dearg. Ann an sin chaochail aon duine deug eile. Am measg na bha air bòrd, bha daoine à Eilean Hiort. Chailleadh leth dhen a dh'fhàg an t-eilean sin.

'Chan fhaod sinn a bhith ro thùrsach ge-tà,' arsa Ruairidh, 'chan eil a h-uile bàta mar sin. Tha feadhainn 's cha mhòr gu bheil duine air an call.'

'Bidh sinn beò an dòchas,' ars Iseabail le gàire.

Chòrd sin ri Ruairidh. Ged a bha droch rudan rin aithris cha bhiodh an nighean seo fada muladach. Bha i gu nàdarrach aighearach agus sunndach. Mar a bu mhotha a bha e a' faighinn eòlas oirre, b' ann a bu mhotha a bha i a' còrdadh ris. Bha e fhèin buailteach a bhith uaireannan eu-dòchasach. 'S dòcha gur e seo tè a chumadh ceart e.

Nuair a dh'fhalbh iad, rinn e air an leabaidh. Bha latha trang roimhe a-màireach.

---

fiabhras-dearg *scarlet fever*
beò an dòchas *idiom: strongly hopeful*

7.

’S e latha mòr a bh’ ann do Ruairidh. An-diugh bhiodh e aig togail nan lìon mòra airson a’ chiad uair. Dh’èirich e tràth agus chunnaic e gun robh latha math gu bhith ann. Beagan sgòthan san adhar le gaoth aotrom bhon iar-dheas agus a’ ghrian ag èirigh gu brèagha thairis air a’ Chomraich. Chaidh e a-null gu taigh Ailein far an robh Ailean Mòr agus Calum deiseil airson falbh. Rinn iad an slighe chun na laimrig aig Loch Àrnais far an robh am bàta aig Ailean, *Anna*, aig acair.

‘Latha math iasgaich,’ thuirt Ailean, ‘chan eil a’ ghaoth ro làidir agus tha i bhon iar-dheas, bidh i an ìre mhath air ar cùlaibh a’ dol a-mach.’

Bha Ruairidh Beag agus Dòmhnall ’an Ruairidh a’ feitheamh riutha. Dh’aontaich iad gur e latha math iasgaich a bh’ ann.

Chuir iad suas na siùil agus a-mach a ghabh iad. Bha na faoileagan agus eòin-mhara eile a’ seòladh os an cionn.

‘Deagh chomharra,’ arsa Dòmhnall, ‘na h-èoin gar leantainn.’

‘Far a bheil iasg, bidh na h-eòin,’ dh’aontaich Ruairidh Beag.

Bha làmh Ailein air an fhalmadair. ‘Bidh sinn an dòchas.’

Nuair a fhuair iad gu na bancaichean far an robh na lìn

---

air an fhalmadair *on the rudder*

air an cur, thòisich iad a' tarraing nan loidhnichean cainb air bòrd. Bha Ruairidh Òg – mar a bh' aca air – a' dannsa ri fhaileas. Saoil am biodh dad a b' fhiach air na dubhain. Cha leigeadh e leas a bhith fo iomagain, bha iad trom le iasg – trosg agus langa agus liugha agus eadhon easgann no dhà.

Rinn Ailean an t-sùil bheag ri Dòmhnall agus e ag aomadh a chinn an taobh a bha Ruairidh, 'Chan e Ionah a th' ann idir.'

'Chan e gu dearbh, 's ann a tha e nas coltaiche ri Iòseph,' fhreagair am fear eile, 'a' toirt thiodhlacan dha bhràithrean.'

Rinn Ruairidh gàire, 'Bha e cho toilichte ri rìgh. 'S e bha coma ma bha iad ri fealla-dhà. 'S ann a bha e a' smaoineachadh air Iseabail agus mar a dh'fhaodadh e an cliabh a lìonadh le iasg agus a thoirt a-null thuice nuair a gheibheadh e dhachaigh.

Fhuair iad gu leòr èisg airson dà bhasgaid mhòr a lìonadh.

'Sin langa cho mòr 's a chunnaic mi riamh,' thuirt Ruairidh Beag.

'Ma 's e, chan fhaca tu mòran,' arsa Dòmhnall.

'Na bithibh aig a chèile,' ars Ailean le gàire, ''s e adhbhar gàirdeachais a tha seo gun teagamh sam bith.'

'Ò gun teagamh, ach 's e langa mhòr a th' innte . Tha i co-dhiù sia troighean,' arsa Ruairidh Beag.

'Tha co-dhiù, agus an còrr,' dh'aontaich Ailean.

---

a' dannsa ri fhaileas *idiom: excited*
easgann *eel*

'Agus an t-iasg as fheàrr airson ceann-cropaig,' chuir Dòmhnall ris.

Nuair a fhuair iad air ais gu ruige an laimrig, roinn iad a-mach an t-iasg orra fhein ach a' fàgail cuid a dh'aon taobh airson seann Doileag a bha na banntraich agus airson teaghlaichean eile aig nach robh mòran. Nuair a thàinig e chun an langa mhòir, chaidh croinn a chur feuch cò leis a bhiodh i. Tharraing Ruairidh an sràbh a b' fhaide agus 's ann aigesan a bha an langa. Bha a chridhe a' cur thairis le toileachas. Bha fios aige dè a dhèanadh e leis an langa, ach cha tuirt e guth.

Bha Dòmhnall 'an Ruairidh a' toirt sùil amharasach air mar gum biodh e ag ràdh ris fhèin, dè nì esan le iasg cho mòr agus e a' fuireach leis fhèin? Ach ma bha e a' smaoineachadh sin, cha tuirt e guth. 'S beag a bha fios aige dè bha am beachd Ruairidh a dhèanamh leis an langa.

Nuair a fhuair e dhachaigh sgolt e liùgh agus chuir e ann am prais i. Bha an t-acras ga tholladh. Aon uair 's gun d' fhuair e e fhèin a bhiathadh, thug e sùil air an langa.

Feumaidh mi do sgoltadh agus do ghlanadh mus toir mi a-null thu, smaoinich e.

Às dèidh dha sin a dhèanamh aig an tobar a bha faisg air an taigh, chuir e sa chliabh i còmhla ri trosg agus dà liùgh. Bha e deiseil airson falbh gu taigh Iain, athair Iseabail. Bha e an dòchas gum biodh i aig baile.

'S i a bha agus an teaghlach uile. Chuir iad fàilte mhòr air.

---

ceann-cropaig *stuffed fish head*
sgolt *gutting (of a fish)*
bha an t-acras ga tholladh *idiom: he was starving*
aig baile *idiom: at home*

'Tha thu air a bhith ag iasgach,' ghlaodh Iain agus e a' toirt sùil anns a' chliabh.

'Tha, bha mi a' smaoineachadh gun còrdadh beagan èisg ribh.'

'Beagan èisg! Chan fhaca mi riamh langa cho mòr.'

Bha an teaghlach uile a-muigh aig an doras a' coimhead anns a' chliabh.

'Tha sinn uabhasach taingeil,' arsa Maighread, màthair Iseabail, 'cumaidh sin beò sinn airson greis.'

Bha e toilichte gun robh e air tighinn thuca leis an iasg. Bha e follaiseach le còignear de theaghlach gun robh feum aca air a h-uile gropag bìdh a gheibheadh iad.

Rinn Iseabail snodha-gàire ris a chuir blàths na chridhe.

Chaidh iad a-staigh agus shuidh iad timcheall an teine. Seo a' chiad chothrom a bh' aige eòlas ceart a chuir air teaghlach MhicIllÌosa. Bha e air coinneachadh ri athair Iseabail agus Eòin ann an taigh bràthair-athar. A-nise choinnich e ri a dithis pheathar, Eilidh a bha trì-deug agus Flòraidh a bha aon-deug. Bha an dithis aca gu math diùid agus cha robh iad ag ràdh guth. Chuir e fàilte cuideachd air Eachann a bha còig-deug agus na ghille tapaidh.

'Uill, uill,' ars Iain, 'agus ciamar a tha Àrnais a' còrdadh riut?'

'Bha mi fortanach gu robh bràthair m' athar an seo, mura b' e sin bhithinn ann an droch shuidheachadh.'

Dh'aom Iain a cheann, 'Bhiodh gu dearbh. Tha e

---

gropag bìdh *a bite of food*

uabhasach na tha a' tachairt leis an uachdaran Rainy. Bha Mac Gille Chaluim dona gu leòr, ach tha am fear seo seachd uairean nas miosa.'

Bha Maighread trang a' dèanamh poit tì. 'S e boireannach cràbhaidh a bh' innte. 'Ma bhios Dia leinn, cò dh'fhaodas a bhith nar n-aghaidh. Obraichidh a h-uile nì a chùm maith... '

'Bidh sinn an dòchas,' dh'aontaich Iain, 'ach chan eil cùisean air a bhith ro mhath gu ruige seo.'

''S e duine beannaichte a th' ann an Rainy, nach tug e mìle not dhan eaglais againn.'

''S dòcha gun tug ach cha robh an sin ach mar sgillinnean dhàsan. Chan e na tha thu a' toirt seachad, ach mar a tha do chridhe, mar a bha a' bhanntrach bhochd ann an soisgeul Mharcuis a thug seachad dà bhonn bheag luach feòirling.'

'Ach tha e math gu bheil e a' toirt taic dhan Eaglais Shaoir agus gu bheil ministear againn,' thuirt i ann an guth toilichte. 'Tha an t-Urramach MacDhùghaill cho èasgaidh, nach bi e a' gabhail sheirbheisean ann an Torran, Rònaigh agus Caisteal.'

Cha tuirt Iain an còrr. Cha robh e ag iarraidh sealltainn gun robh eas-aonta sam bith ann mu dheidhinn na h-eaglaise. Bhiodh an dithis aca a' dol gu Torran nuair a bhiodh seirbheis ann.

Chunnaic Ruairidh gun robh diofar bheachd aca air Rainy. Cha robh e ag iarraidh cus a ràdh mus canadh e an

---

cràbhaidh *religious*

rud ceàrr. Ach bha aige ri freagairt nuair a thuirt Iseabail, 'Dè tha thu fhèin a' smaoineachadh, a Ruairidh?'

'Uill, tha fhios a'm dè thachair dhòmhsa, thug e litir dhan Chaimbeulach gam sguabadh a-mach à Hallaig mar a rinn e air gu leòr eile.'

Dh'aontaich iad uile gun robh e mì-chiatach mar a thachair. Bha e soilleir gun robh Rainy ag iarraidh na daoine a sgiùrsadh a-mach às na bailtean agus caoraich a chur nan àite. Nach robh an tuathanach mòr Royston MacCoinnich air taobh an iar an eilein a ghabhail thairis bho Eighre aig deas gu Mànais aig tuath. Agus bha sùil aige barrachd bhailtean a chur fo chaoraich. Anns na bliadhnaichean mu dheireadh nach robh mòran air Ratharsair fhàgail airson Astràilia.

Bha iad air cuideachadh fhaighinn bhon Chomunn Eilthireachd agus bho Rainy. Ma bha màl aca ri phàigheadh, leig e sin seachad agus thug e aodach agus brògan dhaibh airson na slighe.

'Chan e cho coibhneil 's a tha e ach tha fhios aige gum bi prothaid ann dha aig a' cheann thall,' thuirt Iain.

Dh'aontaich Ruairidh, 'Tha sibh ceart, 's e tha coma dè thachras dha daoine, nach do chuir e sibh fhèin a-mach às na Feàrnaibh?'

'Chuir agus iomadach duine eile. Tha iad an Astràilia a-nis. Bha sin faisg air dà bhliadhna air ais. Tha mi a' smaoineachadh gur e sin a bhios sinne a' dèanamh cuideachd.' Sheall e ri a bhean, 'Nach e, a Mhaighread?'

'Chan eil mòran eile as urrainn dhuinn a dhèanamh agus màl againn ri phàigheadh agus ar sealbh a' tighinn gu ceann a dh'aithghearr.'

Bha iad uile eòlach air dòighean an uachdarain. Bheireadh e seachad gabhaltas airson bliadhna agus mura b' urrainn dhut am màl a phàigheadh bha thu buailteach, thu fhèin is do theaghlach, a bhith air do ruagadh a-mach à dachaigh agus fearann.

'Tha a cheart cho math dhuinn an cothrom a ghabhail fhad 's a tha e ann,' thuirt Iain gu tùrsach.

Bha Ruairidh a' tuigsinn glè mhath dè bha iad a' ciallachadh. Fhad 's a bha cuideachadh ann bhon Chomunn Eilthireachd agus bhon uachdaran, bhiodh e na b' fheàrr dhaibh an cothrom a ghabhail. Dh'fhaodadh tu a bhith cinnteach, thigeadh an cuideachadh sin gu ceann aon latha.

'Bidh sinn ag ionndrainn Ratharsair,' thuirt Iseabail.

'Bithidh,' dh'aontaich a h-athair, 'ach chan eil dòigh eile air. Cha bhi sinn beò ma dh'fhuiricheas sinn an seo.'

Cha tuirt Ruairidh an còrr. Bha e soilleir gun robh Astràilia na thàladh dhaibh, mar a bha e dha gu leòr eile. Mus do dh'fhalbh e, thug iad taing dha a-rithist airson an èisg. Bha e toilichte gun robh e air iasg a thoirt dhaibh. A rèir choltais, cha robh mòran bìdh aca agus smaoinich e nan dèanadh e gu math leis an iasgach gun tigeadh e le tuilleadh a-rithist.

Air an rathad dhachaigh, smaoinich e air na bha

iad ag ràdh, mar a bha dùil aca imrich a dhèanamh a dh'Astràilia. Ged nach robh e ag iarraidh aideachadh, rinn sin beagan dragh dha. Dè thachradh dha fhèin agus Iseabail? Nam biodh ise a' falbh, chan fhaigheadh e cothrom eòlas a chur oirre. Agus ged nach robh iad ach air coinneachadh uair no dhà, bha e mu thràth air fàs gu math dèidheil oirre. Smaoinich e air Màiri agus na bha air tachairt leathase. Mar a dh'fhalbh ise a dh'Astràilia agus a phòs i cuideigin eile.

Cha robh dòigh ann a dh'fhalbhadh an teaghlach às aonais Iseabail. Nuair a dh'fhalbhadh teaghlach, bha iad uile a' falbh còmhla. Agus 's dòcha nach biodh fada ann gus am falbhadh iad. 'S ann as t-samhradh a bhiodh daoine a' falbh agus cha robh sin fada air falbh.

An oidhche sin chuir e roimhe gum feuchadh e ri coinneachadh rithe cho tric 's a b' urrainn dha. Bha e taingeil gun robh e ag iasgach. Nach robh leisgeul math aige a dhol chun an taigh aca le iasg nam biodh an t-iasgach soirbheachail.

8.

Chaidh seachdain no dhà seachad on thug e an langa do theaghlach Iseabail. 'S e an t-earrach a bh' ann agus bha a h-uile duine trang ag obair a-muigh, a' cur bhuntàta agus arbhar ma bha iad fortanach gu leòr beagan talaimh a bhith aca. 'S e coitear a bh' ann an Ruairidh agus cha robh talamh aige dha fhèin. Ach thug muinntir Àrnais cead dha beagan dhen talamh choitcheann timcheall an taighe a chur gu feum. Bha e taingeil gum b' urrainn dha sin a dhèanamh.

Air turas a rinn iad a Phort Rìgh bha e air iasg a reic ri marsanta agus leis an airgead a fhuair e b' urrainn dha beagan bhuntàta a cheannach airson a chur. Cha robh fios aige dè bhiodh a' tachairt, am biodh e fhèin a' dol a dh'Astràilia ro dheireadh na bliadhna? Ach bha e a' dol a chur bhuntàta co-dhiù 's gun fios aige dè a dh'fhaodadh tachairt.

Bha smaoin dhorcha ga bhuaireadh. Am biodh Rainy agus an Caimbeulach toilichte gun robh e fuireach san taigh a chaidh a thoirt dha? Dè nan ruagadh iad a-mach e? Cha robh cùmhnant airson màl aige agus dh'fhaodadh iad a chur a-mach gu math furasta, can nan robh iad ag iarraidh an taigh a thoirt do chuideigin eile.

Ach dh'fheumadh e a bhith beò an dòchas nach tachradh sin. Dh'fheumadh e biadh airson nan làithean ri teachd. Agus bha sin a' ciallachadh buntàta a chur. Bha e a' tionndadh an talaimh leis a' chas-chrom a thug e leis à Hallaig. Leis a h-uile put a bheireadh e oirre bha e a' brunndail rithe, ''S e do choire mhòr a th' ann gun deach m' fhuadach à Hallaig, mura b' e thusa cha bhithinn an seo.'

Bha e cho daingeann anns an obair nach fhaca e Iseabail gus an robh i ri a thaobh. 'Cò ris a tha thusa a' bruidhinn 'ille?' ars i fhèin.

'Ò, a shìorraidh, chan fhaca mi thu a' tighinn. A' brunndail rium fhìn, sin a tha mi a' dèanamh.'

Rinn i gàire. Bha cliabh air a druim. Bha e làn inneir na bà. Chuir i sìos air an talamh e. 'Chunna sinn thu a' cladhach, thuirt mo mhàthair rium seo a thoirt a-nall dhut. Tha mi an dòchas gum bi e gu feum.'

Thàinig snodha-gàire air, 'A fhiacais, nach tu a tha còir, a' toirt thugam cliabh làn buachair.'

Rinn iad gàire le chèile. Ach bha e toilichte gun tàinig i leis an inneir. Bha fios aig na Gilliosaich nach robh crodh aigesan agus gum biodh e doirbh dha mathachadh fhaighinn airson an talaimh. Agus gun mhathachadh cha bhiodh am buntàta cho math, gu h-àraidh agus an talamh cho bochd.

Lean e air, 'Ach gu fìrinneach tha mi taingeil, tha feum aig an talamh seo air inneir gun teagamh sam bith. Tha e cho cruaidh ri creig.'

Dh'fhalmhaich e an cliabh ri taobh far an robh e ag obair.

Choimhead e oirre gu dùrachdach, 'Bidh seo feumail dha-rìribh.'

---

inneir na bà *manure*
fhiacais *good gracious*

'Tha e math a bhith cuideachadh a chèile.'

Smaoinich e mar a bha e air a bhith gan cuideachadh-san le bhith a' toirt iasg dhaibh. Agus le bhith a' dol a-null thuca le iasg, bha e air cothrom fhaighinn eòlas a chur air Iseabail agus an teaghlach aice. Agus mar a bu mhotha bha e a' cur eòlas oirre b' ann a bu mhotha bha e a' saoilsinn dhith. A h-uile turas a chitheadh e i, bha e a' fàs na bu dhèidheil oirre. Bha an smuain a' fàs na inntinn agus na chridhe gum b' e seo an tè a bha e ag iarraidh a phòsadh.

Bhiodh iad math dha chèile. Ise cho beothail, sunndach, gun a' ghàire fada bhuaipe agus esan nas dùrachdaiche. Tha fhios gun cumadh iad a chèile ceart. Ach bha eagal air cuideachd. Dè nam falbhadh iad a dh'Astràilia? Nach robh iad air a bhith a' bruidhinn mu dheidhinn sin a dhèanamh? Smaoinich e a-rithist air Màiri agus mar a thachair dhìse. An robh an aon rud a' dol a thachairt a-rithist?

'Nach tig thu a-staigh airson cupa tì,' thuirt e rithe, 'faodaidh am buntàta feitheamh.'

Ghabh i ris a' chuireadh.

'Cha bhi daoine a' bruidhinn oirnn,' thuirt i le snodha-gàire.

'Ma bhios, ma thogair, chan eil sinn a' dèanamh dad ceàrr. Co-dhiù, tha iad a' bruidhinn mu ar deidhinn mu thràth. Nach robh Ruairidh Beag a' tarraing asam an latha roimhe.'

'Ò, dè bha esan ag ràdh, am balgair?'

'Ò, dìreach a' faighneachd an robh sùil agam ann an tè sam bith.'

'Agus...'

'Thuirt mi ris nam biodh nach innsinn dhàsan.'

Rinn i gàire. Shuidh iad ri taobh a chèile air an t-sèis.

Bha srianag de cheò bhon teine ag èirigh gu mall suas gu mullach an taighe. Bha e air an teine a thasgadh, mar a bhiodh e a' dèanamh a h-uile latha nuair a bhiodh e a' dol a-mach agus a h-uile h-oidhche mus deigheadh e dhan leabaidh. Bha e a' sàbhaladh mòine agus cuideachd dh'fheumte an teine a chumail a' dol. Bha e na shamhla air beatha. Cha bhiodh e math nan deigheadh a mhùchadh. Sin an rud a bhiodh na maoir a' dèanamh nuair a sguabadh iad teaghlach a-mach às an taigh aca, dhèanadh iad cinnteach gum biodh an teine air a mhùchadh.

'Thaisg mi an teine,' thuirt e, 'ach chan eil e fuar.'

'Fàg e mar a tha e, chan eil e fuar idir. Bidh sinne a' tasgadh an teine cuideachd nuair nach eil e fuar.'

Bha e ag iarraidh faighneachd dhi mu Astràilia. An robh a h-athair agus a màthair dha-rìribh ag iarraidh a dhol a dh'Astràilia. Agus dè mu a deidhinn fhèin, an robh ise ag iarraidh an t-eilean fhàgail.

Mar gun robh i a' leughadh a smuaintean, thuirt i, 'Tha mi… a' smaoineachadh gum bi sinn a' fàgail ro dheireadh an t-samhraidh. Chan eil beatha an seo dhuinn mar a tha fhios agad.'

---

air an teine a thasgadh *had banked the fire*

Bha eagal air gur e sin a chanadh i. 'S e briseadh-dùil mòr a bh' ann dha agus thug i an aire.

'Tha mi duilich sin a chluinntinn,' thurt e.

Rug e air làimh oirre agus choimhead e na sùilean. 'Tha rudeigin ann a dh'fheumas mi innse dhut...' Stad e, cha robh e cinnteach ciamar a dh'innseadh e dhi cho dèidheil 's a bha e oirre. Dh'èirich e 's thug e a-nall a' phoit-tì. Thabhainn e tuilleadh tì dhi. Ghabh i balgam às a' chupa.

'Seadh, bha thu a' dol a dh'innse rudeigin dhomh.'

Shuidh e sìos ri a taobh a-rithist. 'Iseabail, tha gaol agam ort. Bha on chiad latha a chunna mi thu.'

Sheall i air le snodha-gàire dìomhair, 'Tha fhios a'm, tha gaol agamsa ortsa cuideachd.'

Thàinig iad còmhla ann an glaic a chèile agus phòg iad. Ged a bha e ceithir air fhichead, seo a' chiad turas a phòg e boireannach dha-rìribh, agus bha e milis mar mhil.

Cha robh e riamh cho toilichte na bheatha. 'Smaoinich, mura bithinn air m' fhuadach le Rainy agus an Caimbeulach, 's dòcha nach biomaid air coinneachadh.'

'Tha e neònach mar a tha rudan ag obrachadh.'

Shuidh iad a' brìodal airson greis, ag innse mu na teaghlaichean aca.

'Mar a chunnaic thu, tha mo mhàthair caran dèidheil air Rainy seach gun tug e airgead dhan eaglais.'

'Ach d' athair?'

Rinn i gàire. 'Ò, chan eil esan dèidheil air idir, 's beag

---

an glaic a chèile *embracing/hugging*
a' brìodal *lovers' talk; flirting; caressing*

air na h-uachdarain. Chan eil e cho cràbhaidh ri mo mhàthair.'

'Tha m' athair fhìn gu math cràbhaidh. Bidh e a' gabhail an leabhair gach madainn is oidhche. Tha guth seinn math aige.'

Dh'inns e dhi mu na peathraichean aige, Seònaid a bha dhà air fhichead, Anna a bha aon air fhichead agus Màiri a bha sia-deug. Bha dà bhràthair aige, Iain, a bha còig-deug agus Niall a bha dìreach dusan.

Mu dheireadh thuirt i gum feumadh i a dhol dhachaigh leis a' chliabh mus biodh iad a' gabhail iongnadh cho fad 's a bha i a' toirt. Gheall i gun tigeadh i a chèilidh air a-rithist a dh'aithghearr.

Choimhead iad air a chèile gu gaolach. Rug i air agus thug i pòg dha. 'Chì mi a dh'aithghearr thu,' thuirt i san dealachadh.

Chaidh e air ais gu obair air a' bhuntàta. Bha e a' cumail sùil oirre gus an deach i à sealladh. Bha e cho toilichte ri rìgh. Cha mhòr gum b' urrainn dha a chreidsinn gun tuirt i na facail 'tha gaol agamsa ortsa cuideachd.' Bha e mionnaichte a-nis gum feumadh e a' cheist a chur oirre, gu h-àraidh nuair a bha a teaghlach a' bruidhinn air a dhol a dh'Astràilia.

Chaidh na làithean às dèidh sin seachad gu luath. E aig an iasgach no ag obair a-muigh timcheall an taighe. Bha e dìreach air bhioran. Chan fhaigheadh e i a-mach

---

gabhail an leabhair *worship*

às inntinn. Smaoinich e cho fortanach 's a bha e gun robh gaol aca air a chèile. Bha aoibhneas na chridhe.

Bhon latha sin, bhiodh e a' dol a-null chun an taigh aca le iasg agus bhiodh iad an-còmhnaidh a' toirt taing mhòr dha. Bha amharas aca gun robh rud a' dol eadar an nighean a bu shine aca agus am fear a bha a' toirt thuca an èisg, ach cha b' urrainn dhaibh a bhith cinnteach.

Aon latha thuirt e rithe nuair a bha e a' fàgail gum bu toigh leis i tighinn chun an taigh aige, gun robh rudeigin aige ri fhaighneachd dhi. Gheall i gun tigeadh i an oidhche sin fhèin.

Nuair a thàinig i a-nall, shuidh iad air an t-sèise mar a rinn iad roimhe. Rinn iad brìodal ri chèile. Às dèidh greis thuirt i, 'Dè bha thu a' dol a dh'fhaighneachd dhìom?'

Rinn e gàire, 'Tha rud uabhasach cudromach.'

Chaidh e air a ghlùinean air a beulaibh agus chuir e a dhà làimh na làmhan, 'Am pòs thu mi?'

Bha deòir na sùilean, choimhead i air le blàth-fhaireachdainn, 'Pòsaidh, nach eil fhios agad gum pòs.'

Sheas iad agus chaidh iad an glaic a chèile. Mu dheireadh thuirt e, 'Bha mi an dòchas gun canadh tu sin.'

Air a socair thuirt i, 'Bha mise an dòchas gum faighnicheadh tu.'

Shuidh iad a' bruidhinn mu dheidhinn dè dh'fheumadh tachairt mus pòsadh iad. Dh'fheumadh esan faighneachd dha a h-athair airson a làimh.

'Saoil am bi e deònach?'

Rinn i gàire. ''S e a bhios, carson nach biodh?'

Bha e na chofhurtachd dha gun robh i cho misneachail. Cha robh esan cho misneachail. Choimhead i air, 'A bheil dad a' dèanamh dragh dhut, tha thu a' coimhead fo chùram? Bidh m' athair ceart gu leòr.'

'Bidh, bidh, chan e sin tha dèanamh dragh dhomh ach rud eile.'

Chuir e na cuimhne an riaghailt aig Rainy, nach fhaodadh duine pòsadh gun a chead. Agus mar a thachair do dh'Iain MacLeòid ann an Àrnais dà bhliadhna air ais. Phòs esan nighean nàbaidh gun chead nuair a bha Rainy air falbh bhon eilean agus dè a thachair dhaibh, chaidh an cur a-mach à taigh is dachaigh agus an taigh a chur na theine. Bha leanabh aca san taigh ann an creathail aig an àm. Thug na maoir a-mach an leanabh agus an uair sin chuir iad lasair ris an taigh. Agus cha b' urrainn dhaibh fuireach air an eilean, bha aca ri dhol a dh'Astràilia còmhla ri mòran eile.

Choimhead i air le co-fhaireachdainn, 'Nach robh sin cho suarach.'

'Bha, ach sin an seòrsa daoine a th' annta. Dhèanadh iad an aon rud oirnne.'

Bha i a' coimhead tùrsach. ''S dòcha nach bu chòir dhuinn pòsadh ma-thà.'

Choimhead e oirre gu dùrachdach, bha sradag na shùil, 'Feumaidh sinn pòsadh, chan eil còir aig umpaidh

---

creathail *a cradle*

mar Rainy stad a chur oirnn bho bhith a' pòsadh. No air duine eile. Chan eil e ceart. 'S e an rud as nàdarraiche san t-saoghal a bhith a' pòsadh. Carson a chuireadh uachdaran stad oirnn? Tha e dìreach mì-chiatach.'

Choimhead i air le sùilean gràdhadh. Bha na bha e ag ràdh fìor. Bha e cho ceàrr 's a ghabhas a bhith a' cumail càraid gun pòsadh.

'Ach mura pòs am ministear sinn, cò tha dol gar pòsadh?'

Thàinig an fhreagairt thuige sa bhad, 'Dòmhnall 'an Ruairidh, pòsaidh esan sinn. 'S e èildear a th' ann agus faodaidh èildear pòsadh a dhèanamh.'

Choimhead i air gu h-amharasach, 'A bheil thu cinnteach?'

'Tha, chunnaic mi e a' tachairt ann a' Hallaig. Tha cead aig èildear pòsadh a dhèanamh.'

'Ach Dòmhnall 'an Ruairidh, nach bi eagal air ro Rainy?'

B' e ceist mhath a bha sin. Bha fios aig a h-uile duine a' chumhachd a bh' aig an uachdaran. Dh'fhaodadh e do bheatha a dhèanamh gu math searbh. Ach bha Dòmhnall a' creidsinn gu mòr ann am facal Dhè agus nach robh facal Dhè ag ràdh gum fàgadh fear athair agus a mhàthair agus gun dlùth-leanadh e ra mhnaoi agus gum biodh iad nan aon fheòil. Nach e sin a bha am Bìoball ag ràdh. Agus tha fhios ann an sùilean Dhòmhnaill gun robh barrachd ùghdarrais aig a' Bhìoball na bha aig Rainy.

---

ra mhnaoi *to his wife*

'Chan eil fhios a'm, chì sinn dè chanas e. Ach an toiseach feumaidh sinn cead fhaighinn bho d' athair.'

Dh'aontaich iad gur e sin an ath cheum. Agus, leis a' bhruidhinn a bh' ann mu Astràilia, dh'fheumadh e a bhith a dh'aithghearr.

'Bi ag ùrnaigh gun tèid gu math dhomh.'

Rinn i gàire, 'Bidh thu ceart gu leòr.'

9.

Thàinig an latha mòr nuair a dh'fheumadh e cead iarraidh air athair Iseabail airson làmh na h-ighne aige. Dh'fheumadh am fear-comhailtich aige a bhith còmhla ris. Bha e air iarraidh air Calum òg aig Ailean a bhith na fhear-comhailtich, agus bha e air aontachadh. 'S e gille èasgaidh, blàth-chridheach a bh' ann an Calum agus bha e cinnteach gum biodh e na chùl-taic math dha.

'S e latha brèagha earraich a bh' ann, beagan sgòthan san adhar agus corra fhras aotrom. Bha obair an latha seachad agus rinn iad an slighe a-null gu taigh Iain nam Feàrnaibh mar a b' fheàrr a dh'aithnichear e.

'A bheil thu smaoineachadh gun cuir e fàilte oirnn?' thuirt Ruairidh le lasadh spòrsail na shùil.

Rinn Calum gàire, ''S e a chuireas, bidh fios math aige carson a bhios sinn ann.'

'Ò, an robh thu fhèin ag innse dha?'

''S mi nach robh, ach tha fios aig a' bhaile gu bheil sibh air a bhith a' suirghe. Cha ghabh nì mar sin fhalach ann an àite mar seo.'

'Ò, tha thu ceart, bidh fios math aige.'

Bha an dithis aca a' faireachdainn aighearach. Nach robh e math gun robh rudan dòigheil a' tachairt am measg nan rudan duilich. Nuair a ràinig iad an taigh bha an doras fosgailte agus chaidh iad a-steach. Cha robh a-staigh ach

---

fear-comhailtich *best man*

Maighread agus Eilidh agus Flòraidh. Dh'fheòraich iad an robh e fhèin mun cuairt.

'Tha e a-muigh sa bhàthaich,' arsa Maighread.

'Ò, uill, thèid sinn a-mach thuige,' thuirt Ruairidh, 'bha sinn ag iarraidh bruidhinn ris.'

'Tha sin ceart gu leòr, bidh e toilichte ur faicinn.' Rinn i an t-sùil bheag ri Calum.

Chaidh iad a-mach, agus, mar a thuirt i, bha fear an taighe sa bhàthaich. Bha e trang a' toirt feur dhan dà bheathach mairt. Bha aon de na mairt agus laogh brèagha ruadh aice.

'Sin sibh fhearaibh, a bheil dad às ùr?'

'Chan eil mòran, tha obair an latha seachad. Bha Calum agus mi fhìn a' cur nan lìon sgadan a-mach deiseil airson a-màireach.'

'Ò, tha sibh a' dèanamh math leis an iasgach.'

'Tha, tha sinn air a bhith fortanach, taing do Dhia.'

Cha robh Ruairidh cinnteach ciamar a chuireadh e a' cheist air athair Iseabail. 'S e suidheachadh ùr a bh' ann dha agus cha robh Calum na mhòran cuideachaidh agus e le plìon-ghàire neoichiontach air aodann.

Mu dheireadh thuirt e, 'Tha laogh snog agaibh an sin.'

'Tha, chan eil i ach mìos a dh'aois.'

''S ann mu dheidhinn laogh eile a tha mi an seo...'

'Laogh eile? Cha robh fhios a'm gu robh laogh eile agam.'

---

dà bheathach mairt *two cows*

'Ò, tha, tha laogh eile agaibh, laogh cho brèagha 's a bha riamh air teadhair...'

'Ò, 's mi nach cuireadh teadhair air laogh, tha laogh a' leantainn a màthar.'

Thuig Ruairidh glè mhath gur ann a' tarraing às a bha e. Dh'fheumadh e an fhìrinn innse gur ann ag iarraidh làmh na h-ighne aige a bha e.

'An seòrsa laogh air a bheil mise an tòir, bidh i a' leantainn an duine. Bu thoigh leam an nighean agaibh, Iseabail, a phòsadh.'

Cha tuirt a h-athair guth airson tiotan. Bha e a' slìobadh an laoigh ruaidh a bha mu choinneimh agus Ruairidh a' feitheamh gu foighidneach ri dè an fhreagairt a bheireadh e seachad, agus a chridhe na bheul.

Mu dheireadh thuirt e, 'Tha fhios a'm nach b' urrainn dhi duine na b' fheàrr fhaighinn. Gu dearbha, bidh mi toilichte sibh pòsadh. Cuir an siud i,' agus shìn e a làmh dha.

Rug Ruairidh oirre gu dùrachdach. Lìon a chridhe le toileachas. Fhuair e an fhreagairt a bha e ag iarraidh. Ach, às dèidh greiseag bheag, mhothaich e gun robh beagan drèin air aodann an duine a bhiodh na athair-cèile dha.

'A bheil dad ceàrr?' dh'fheòraich e.

'Chan eil, chan eil ach aon rud beag, an riaghailt aig Rainy, nach eil fhios agad gu bheil e air toirmeasg do dhuine sam bith pòsadh.'

Dh'aidich Ruairidh gun robh fios aige mun riaghailt, ach dè a' chòir a bh' aig Rainy, no uachdaran sam bith eile,

---

a chridhe na bheul *his heart was in his mouth*

stad a chur air daoine bho bhith a' pòsadh. Nach robh daoine a' pòsadh bho thoiseach a' Chruthachaidh, agus bhiodh gus am biodh dol fodha na grèine mu dheireadh ann.

'Tha mi ag aontachadh gu tur leat, 's e riaghailt gun tùr a th' ann, ach dè as urrainn dhuinn a dhèanamh, tha leithid de chumhachd aig an trustar.'

Dh'aontaich e, 'Tha cumhachd aige ceart gu leòr, ach tha saorsa againne.'

Choimhead Iain air gu ceasnachail, 'Saorsa, a laochain, dè 'n t-saorsa, tha an lagh an-còmhnaidh air taobh an uachdarain?'

Mhìnich Ruairidh an rud a bha e a' ciallachadh, gur e an rud a bu mhiosa a b' urrainn Rainy a dhèanamh an sguabadh a-mach às na taighean agus am fuadach bhon eilean. Rud a bha e buailteach a bhith a' dèanamh co-dhiù. Agus nach robh iad fhèin a' smaoineachadh air gluasad a dh'Astràilia a dh'aithghearr.

'Sin an t-saorsa a th' againn, gluasad air falbh à seo a-mach à crògan an uachdarain.'

Dh'aom Iain a cheann, 'Tha thu ceart, sin an aon saorsa a th' againn gu mì-fhortanach. Ach tha rudeigin eile a' dèanamh dragh dhomh cuideachd.'

Choimhead Ruairidh air gu dlùth, 'Ò, dè tha sin?'

Mhìnich e an dragh a bh' air mu cò a phòsadh iad. Cha robh ach aon mhinistear air an eilean, ministear na h-Eaglaise Saoire, an t-Urramach MacDhùghaill, agus dh'fhaodadh tu a bhith cinnteach gun leanadh esan na riaghailtean aig an uachdaran. Bha e air cluinntinn gun robh Rainy gu bhith air falbh bhon eilean a dh'aithghearr, ach cha dèanadh sin mòran diofair. Bhiodh an Caimbeulach agus daoine eile a' cumail sùil air cùisean fhad 's a bhiodh e air falbh.

'Na biodh dragh oirbh,' thuirt Ruairidh, 'pòsaidh Dòmhnall 'an Ruairidh sinn.'

Chlisg am fear eile, 'Dòmhnall 'an Ruairidh.'

'Seadh, 's e èildear a th' ann.'

Dh'inns e mar a bha pòsadh ann a' Hallaig agus 's e èildear a rinn am pòsadh. Cha robh Iain cho cinnteach gum faodadh èildear pòsadh a dhèanamh, ach thuirt Ruairidh fhad 's a bhiodh am bann-pòsaidh air a ghairm ann an Torran, far am biodh seirbheisean gan cumail, gum biodh cùisean ceart gu leòr. Cha robh, cha robh e air bruidhinn ri Dòmhnall 'an Ruairidh fhathast, ach chitheadh e làrna-mhàireach e aig an iasgach. Bha e cinnteach gum biodh e leagte ris a' ghnothach.

Cha robh athair Iseabail a' coimhead uabhasach misneachail, 'Tha mi an dòchas gu bheil thu ceart, a laochain.'

'Na gabhaibh dragh, cha dhiùlt e sinn idir,' thuirt am fear-comhailtich gu sunndach.

Rinn Iain gàire, 'Tha mi an dòchas gu bheil sibh ceart.'

Bha poca aig Calum na dhòrn. Dh'fhosgail e e agus thug e a-mach botal uisge-bheatha.

Shìn e dha athair Iseabail e, 'Tha seo dhuibhse.'

Las a shùilean, 'Ò, mo thaing dhuibh, nach eil sin coibhneil. Thigibh dhan taigh agus gabhaidh sinn drama.'

Chaidh iad a-null far an robh Maighread agus na nigheanan a' feitheamh. Bha an teaghlach uile ann a-nis, Iseabail agus Eòin agus Eachann cuideachd. Chaidh an athair a-null chun an dreasair agus thug e a-mach cuach. Sheas e ann am meadhan an làir ri taobh an teine, am botal aige ann an aon làimh agus a' chuach anns an làimh eile.

'Tha naidheachd mhath agam dhuibh,' thuirt e, le snodha-gàire, 'tha Iseabail againne agus Ruairidh a' dol a phòsadh. Nach tig thu a-nall Iseabail.'

Bhuail a h-uile duine am basan. Thàinig i agus sheas i ri taobh Ruairidh. Thug a h-athair a' chuach dha agus dh'fhosgail e am botal agus chuir e steall sa chuaich.

'Siuthadaibh a-nis, gabhaibh balgam an urra.'

Rinn iad sin. Bha a' chuach na samhla air a' bheatha a bhiodh aca còmhla, gum biodh iad ag òl às an aon chupa. Chaidh a' chuach a chur timcheall agus ghabh iad uile balgam beag aiste, eadhon Flòraidh bheag, ged nach robh i ach aon-deug. Bha iad uile gu math subhach agus toilichte gun robh a' chiad phòsadh gu bhith anns an teaghlach. Dh'iarr athair Iseabail air Ruairidh facal a ràdh.

'Tha e na urram mòr dhomh,' thuirt e, 'làmh na h-ighne agaibh iarraidh ann am pòsadh. Tha gaol mòr againn air a chèile mar a chì sibh. Mairidh an gaol sin tha mi an dòchas gu bràth.'

Bhuail a h-uile duine am basan a-rithist.

'Gum beannaicheadh Dia sibh leis a h-uile beannachd,' thuirt màthair Iseabail, 'cò tha dol gam pòsadh?'

Leum an duine aice a-steach leis an fhreagairt mus d' fhuair Ruairidh guth a ràdh, 'Tha sin ri shuidheachadh fhathast, ach bidh a h-uile sìon air a dhèanamh gu dòigheil.'

Thionndaidh e ri a mhac, 'Eòin nach toir thu dhuinn port air a' phìob.'

Bha Eòin ro dheònach sin a dhèanamh. Sheinn e port aighearach agus dhanns Ruairidh agus Iseabail còmhla.

Às dèidh dhan cheòl a bhith seachad, thuirt athair Iseabail ri Ruairidh, 'Thoir leat a' chuach, 's ann leibhse a tha i.'

An oidhche sin agus e a' dol dhachaigh bha e a' faireachdainn cho toilichte 's a bha e a' faireachdainn riamh. Rug e air làimh air Calum, 'Tapadh leat airson tighinn còmhla rium. Ged nach tuirt thu mòran, bha thu nad chuideachadh mòr dhomh.'

Rinn am fear eile gàire, ''S mi fhìn a tha toilichte gun deach an rèiteach cho math. Chì thu Dòmhnall 'an Ruairidh a-màireach.'

'Chì 'ille, chì,' thuirt e gu sunndach.

---

rèiteach *betrothal*

10.

Agus 's ann mar sin a bha. An ath mhadainn, nuair a bha iad aig an laimrig a' faighinn deiseil airson na lìn sgadain a thogail, thug e Dòmhnall 'an Ruairidh gu aon taobh. Dh'inns e dha mun rèiteach agus gun robh e fhèin agus Iseabail a' dol a phòsadh ann an ceann beagan sheachdainean.

Rug Dòmhnall air làimh air, 'Meal do naidheachd, a laochain. 'S e deagh naidheachd dha-rìribh a tha sin. Nighean ghasta, stuama gun teagamh sam bith.'

'Tha dìreach aon rud beag ann, tha sinn ag iarraidh oirbhse ar pòsadh.'

Thuit aodann an fhir eile gu làr. 'Mise, mise dol gar pòsadh? 'S e am ministear a dh'fheumas sin a dhèanamh.'

Mhìnich e na duilgheadasan a bh' ann: mar a bha fios aig a h-uile duine, nach robh an t-uachdaran air riaghailt a dhèanamh nach fhaodadh duine air an oighreachd pòsadh gun chead bhuaithesan.

Bha Dòmhnall a' coimhead anshocair. Chrom e a cheann beagan, 'Tha fios a'm mun riaghailt agus air facal Dhè ach chan eil annamsa ach èildear. Cha bhiodh e ceadaichte dhomh càraid a phòsadh.'

Dh'inns e dha mar a thachair ann a' Hallaig, gun do phòs Alasdair Iain Theàrlaich, a bha na èildear san Eaglais Shaor, dithis dhaoine òga dà bhliadhna air ais. Bha sin mus deach iad a dh'Astràilia. Agus cha do chronaich an Eaglais Alasdair ann an dòigh sam bith. Bha sin a' dearbhadh gum faodadh èildear pòsadh a dhèanamh.

Bha Dòmhnall fhathast a' coimhead teagmhach.

Chunnaic Ailean Mòr iad a' bruidhinn gu dìomhair agus thàinig e a-nall a dh'fhaighneachd an robh dad ceàrr. Bha deagh bheachd aige cò mu dheidhinn a bha iad a' bruidhinn, oir bha Calum air innse dha mun rèiteach agus gun robh mac a bhràthar a' dol a phòsadh Iseabail.

'Chan eil dad ceàrr,' arsa Ruairidh, 'bha mi dìreach a' cur ceist air Dòmhnall.'

'Aidh,' arsa Dòmhnall, 'agus ceist gu math doirbh. Tha e ag iarraidh ormsa an t-seirbheis-phòsaidh a dhèanamh, rud nach do rinn mi riamh.'

'Tha e ceadaichte,' thuirt Ailean gu clis, 'tha mi air fhaicinn a' tachairt. 'S e èildear a th' annaibh nach e. Tha dleasdanasan air èildearan dèanamh cinnteach gun cùm daoine ris an lagh, gu h-àraidh lagh Dhè agus sàcramaidean na h-eaglaise.'

Bha Dòmhnall fhathast a' coimhead teagmhach. 'Smaoinichidh mi mu dheidhinn agus bidh mi ag ùrnaigh. Bheir mi dhuibh freagairt ro dheireadh an latha. An-dràsta, tha iasgach ri dhèanamh.'

Chaidh iad air ais gu togail nan lìon. Cha b' fhada gus an robh fios aig a h-uile duine mun rèiteach agus mun phòsadh. Agus mun duilgheadas a bh' aig Ruairidh cuideigin fhaighinn a phòsadh iad. Ach aon uair 's gun do thuig iad gun robh e air iarraidh air Dòmhnall 'an Ruairidh, cha robh stad a' dol orra.

'Tha fhios,' chanadh Ruairidh Beag, 'nach fhàg thu Ruairidh againne gun chobhair a dhèanamh air.'

'Tha e a's a' Bhìoball,' chanadh Ailean, 'gum bu chòir daoine pòsadh.'

'Dè seòrsa èildeir a th' annad nach toir cuideachadh dha na daoine bochda?' chanadh Ruairidh Beag.

Bha Calum agus Ruairidh sàmhach ach bha iad a' deoghal a-steach a h-uile facal. Bha Dòmhnall fhèin a' gabhail ris an tarraing às gu ciùin socair, ach gun canadh e bho àm gu àm, 'Seadh dìreach, a chàirdean, chì sinn, chì sinn.'

Ach ro dheireadh an latha bha e air gèilleadh. Mar a bha iad a' tighinn a-steach dhan laimrig leis na lìn mhòra 's e a thuirt e, 'Uill, a chàirdean, tha lagh Dhè nas bunaitiche na lagh uachdarain sam bith. Pòsaidh mi sibh mas e sin a tha sibh ag iarraidh.'

Bha bualadh bhasan ann agus chuir a h-uile duine fàilte air na briathran.

Bha Ruairidh le braoisg gàire air, 'A Dhòmhnaill 'an Ruairidh mo thaing agus mo bheannachd agaibh. Tha sibh air mo bheatha a shàbhaladh.'

Arsa Dòmhnall fo anail, 'Tha mi an dòchas nach bi ceannach agad air.' Ach cha chuala duine gu ceart dè a thuirt e.

* * *

---

a' deoghal *sucking/taking in*
air gèilleadh *had given in/surrendered*
braoisg *grin*

An oidhche sin, nuair a fhuair Ruairidh dhachaigh, dh'ullaich e basgaid èisg mar bu dual dha airson a thoirt a-null gu teaghlach Iseabail. Chunnaic i e a' tighinn agus thàinig i ga choinneachadh.

'Tha thu a' coimhead toilichte,' thuirt i gu sunndach.

'Tha adhbhar agam,' fhreagair e le braoisg gàire, 'tha Dòmhnall 'an Ruairidh air aontachadh ar pòsadh.'

'Ò, a ghaoil, nach eil sin iongantach.' Thug i pòg dha.

Dh'inns e mar a thachair, mar a bha Dòmhnall mì-chinnteach an toiseach agus gun tug e fad an latha dha mus tàinig e gu co-dhùnadh. Agus bha sin às dèidh dha chompanaich a bhith ga bhriogadh agus a' tarraing às agus ag ràdh gum bu chòir dha a dhèanamh.

Bha an dithis aca làn toileachais. Bha a h-athair toilichte gum pòsadh iad agus a-nis bha an t-èildear air aontachadh an t-seirbheis a ghabhail os làimh. Smaoinich iad air na rudan a dh'fheumadh tachairt mus biodh am pòsadh ann. Dh'fheumadh rèiteach baile a bhith ann far an tigeadh na nàbaidhean cruinn còmhla airson comharrachadh gun robh iad a' dol a phòsadh. Dh'fheumadh bannan a bhith air an gairm. Dh'fhaodadh sin tachairt ann an Torran far am biodh seirbheisean gan cumail anns an taigh-sgoile.

Ach cuideachd dh'fheumadh e innse dhan teaghlach aige fhèin gun robh e a' dol a phòsadh. Cha robh e furasta fios fhaighinn thuca agus iad aig ceann eile an eilein. Bhiodh e a' ciallachadh turas a Hallaig. Ach bha e cinnteach gun cuireadh bràthair-athar e anns a' bhàta aige cho fada ris a' Chlachan agus dh'fhaodadh e coiseachd às a sin.

Sheall i ris, 'A bheil thu a' smaoineachadh gun tig iad chun na bainnse?'

'Ò, a shìorraidh fhèin, tha mi an dòchas gun tig. Cha bhiodh e ceart mura biodh iadsan ann.'

'Tha thu ceart, cha bhiodh, ach ciamar a gheibh iad ann?'

Dh'inns e dhi mun nàbaidh aca ann a' Hallaig, Seumas Sheonaidh Mhòir, agus gun robh co-ogha aige sa Chlachan aig an robh bàta math. Bha e cinnteach gun toireadh esan iad às a' Chlachan gu Loch Àrnais.

Gu h-aotrom thuirt i, 'Tha aon rud a dhìochuimhnich sinn, cuin a tha sinn a' dol a phòsadh?'

Rinn e gàire, 'Tha thu ceart, feumaidh sinn latha a thaghadh.'

Bhruidhinn iad air ais 's air adhart. Dh'fheumadh e a bhith nuair a bhiodh an t-uachdaran air falbh bhon eilean agus bhiodh sin ann am mìosan an t-samhraidh. Shuidhich iad mu dheireadh air Diciadain an 17mh latha dhen Chèitean. Bheireadh sin tìde gu leòr dhaibh ullachadh a dhèanamh agus cùisean a chur air dòigh.

Nuair a ràinig iad an taigh chuir an teaghlach fàilte orra mar a b' àbhaist agus thug iad taing dhaibh airson an èisg. Dh'inns iad dhaibh gun robh Dòmhnall 'an Ruairidh deònach am pòsadh agus gun robh iad air an latha a shuidheachadh air am biodh iad a' pòsadh. Chuir iad uile fàilte air an naidheachd. Dh'aontaich iad gum faodadh an rèiteach mòr a bhith ann an-ath-sheachdain nuair a chruinnicheadh na nàbaidhean ann an taigh na tè a bha gu bhith na bean na bainnse. Cha robh dùil gum biodh duine an aghaidh a' phòsaidh. Ach bheireadh an rèiteach cothrom bruidhinn mu dheidhinn na bainnse agus ullachadh a dhèanamh.

* * *

Seachdain às dèidh sin, bha an rèiteach ann. Thòisich iad a' sruthadh a-steach beag air bheag, na càirdean agus na nàbaidhean. Bha teaghlach Ailein Mhòir ann agus Ruairidh Beag agus Dòmhnall 'an Ruairidh. 'S e rud mòr a bh' ann gun robh banais gu bhith ann. Leis an riaghailt aig Rainy an aghaidh pòsadh, cha robh mòran bhainnsean air a bhith ann. Bha eagal air daoine dè a thachradh nam pòsadh iad gun chead. Bha daoine a' cur meal-a-naidheachd air Dòmhnall 'an Ruairidh gun do dh'aontaich e a' chàraid a phòsadh, rud a bha ga fhàgail beagan mì-chofhurtail. Cha chanadh e air a shocair ach, 'Tha lagh Dhè nas brìoghmhoire na lagh an uachdarain.' 'Is treasa tuath na tighearna,' thuirt Ailean Mòr.

Bha a h-uile duine a' faireachdainn an aon rud, gun robh e ceàrr a bhith a' cur bacadh air càraid a bhith a' pòsadh.

---

is treasa tuath na tighearna *the tenantry is stronger than a lord/laird*

Bhuail Iain, athair Iseabail, tòin poit le spàin gus am biodh daoine sàmhach. Nuair a shìolaidh am fuaim, bhruidhinn e a-mach. 'Mar a tha fios agaibh,' thuirt e, 'tha Iseabail againne agus Ruairidh Dhòmhnaill Dhuinn à Hallaig air gealladh-pòsaidh a thoirt seachad. Tha Ruairidh air bruidhinn rium mu thràth agus tha rèiteach air a bhith ann. Tha mi cinnteach gum bi sibh uile toilichte gum bi iad a' pòsadh.'

Bualadh bhasan.

Dh'èirich Ruairidh Beag gu a chasan, 'Tha sinn uile glè thoilichte airson na càraid òig. Tha Ruairidh air a bhith gar cuideachadh leis an iasgach agus faodaidh mi a ràdh gun do rug e air iomadh iasg bòidheach ach cha do rug e air gin cho bòidheach ris an tè a tha e a' dol a phòsadh...'

Bualadh bhasan.

Lean e air, 'Canaidh mi sin ged a tha rudhadh-gruaidh air a' mhaighdinn agus 's dòcha air an fhleasgach cuideachd...'

Èigheach agus bualadh bhasan.

'...agus feumaidh mi taing a thoirt dha mo chompanach aig an iasgach, Dòmhnall còir, airson aontachadh a' chàraid a phòsadh. Mo bheannachd aige, mar a thuirt Ailean, "Is treasa tuath na tighearna."'

Dh'èirich Iain gu a chasan, 'Tha e follaiseach nach eil duine an aghaidh a' phòsaidh 's gu bheil sibh uile toilichte. Faodaidh sinn a-nis drama a ghabhail agus chì sinn sibh aig a' phòsadh an-ath-mhìos.'

Chaidh e timcheall leis a' bhuideal agus ghabh iad deoch-slàinte na càraid.

Bha Ruairidh toilichte mar a chaidh cùisean agus gun robh a h-uile càil rèidh. Choinnich a shùilean ri sùilean Iseabail. Dh'aithnich e gun robh ise cuideachd fìor thoilichte.

* * *

Trì latha às dèidh an rèitich, bha Ruairidh air ais ann a' Hallaig. Bha Ailean air a chur chun a' Chlachain anns a' bhàta aige agus bha e air coiseachd an còrr dhen t-slighe. Fhad 's a bha e a' coiseachd bha e a' smaoineachadh air na bha air tachairt dha. Chuireadh e iongnadh mòr air a theaghlach esan fhaicinn a-rithist 's gun cho fada ann bhon a dh'fhàg e.

Ach cha leigeadh leas dragh a bhith air. Chuir an teaghlach aige fàilte mhòr air. Bha iad ro dheònach faighinn a-mach mar a thachair dha on a dh'fhàg e Hallaig agus bha esan ro dheònach innse dhaibh. Bha iad ro thoilichte leis an naidheachd gun robh e a' dol a phòsadh agus dh'inns e dhaibh gur e sin a chuir air a thuras e, airson cuireadh a thoirt dhaibh chun a' phòsaidh.

Dh'inns e dhaibh cho coibhneil 's a bha Ailean ris, mar a fhuair e taigh a chaidh fhàgail falamh agus mar a bha e a' cuideachadh Ailean leis an iasgach. Agus mar a bha

---

chaidh e timcheall leis a' bhuideal *he went round with the cask*

èildear, Dòmhnall 'an Ruairidh, a' dol gam pòsadh.

'Ach dè mu dheidhinn na riaghailt aig Rainy?' thuirt athair.

'Tha fhios aige mun riaghailt ghòraich sin, ach tha e a' dol ga dhèanamh co-dhiù.'

Thàinig beagan de sgòth air aodann athar, ''S ann aige tha a' mhisneachd, tha mi an dòchas gun tèid a h-uile càil gu math.'

Rinn Ruairidh snodha-gàire, 'Na biodh dragh oirbh, bidh sinn pòsta co-dhìu, ged a b' ann an Astràilia a bhiodh sinn.'

Nuair a dh'ainmich e Astràilia, chlisg athair. Dh'inns e dha nach b' fhada gus am biodh Hallaig falamh de dhaoine. Bha iadsan agus na teaghlaichean eile a bha air fhàgail a' falbh mus biodh an samhradh seachad, agus nach biodh Rainy gan cuideachadh.

'Nach e a tha còir,' thuirt Ruairidh gu searbh.

'Aidh, ag iarraidh cuidhteas dhinn, 's ann a tha e.'

Bha Ruairidh toilichte agus brònach aig an aon àm, toilichte a bhith am measg a chàirdean a-rithist, ach brònach a bhith a' smaoineachadh orra a' dol a dh'Astràilia agus nach fhaiceadh e tuilleadh iad, agus brònach cuideachd a' smaoineachadh air Hallaig a bhith air fhàgail bàn gun duine ann ach cìobair agus caoraich.

11.

Seachdain no dhà às dèidh dha a bhith ann a' Hallaig bha cùisean gan ullachadh airson na bainnse. Airson banais, bha a' choimhearsnachd a' tighinn còmhla. Thàinig na nàbaidhean gu taigh Iain nam Feàrnaibh a dh'fhaighneachd dè a b' urrainn dhaibh a dhèanamh airson cuideachadh, oir b' ann an taigh bean na bainnse a bhiodh am pòsadh agus a' bhanais.

Bha mòran rudan aca ri smaoineachadh air. Gu h-àraidh, dè an t-aodach a bhiodh air bean na bainnse. Bha an dithis aca air a dhol chun an tàilleir, Dòmhnall Crùbach ann an Torran airson aodach òrdachadh dha Iseabail. Bha e fortanach gun robh e air airgead fhaighinn bhon iasgach a phàigheadh airson aodach na bainnse.

'Na gabhaibh dragh mu phàigheadh,' thuirt Dòmhnall Crùbach. 'Gheibh mi e nuair a bhios e comasach dhuibh, tha fhios a'm cho doirbh 's a tha cùisean dhan a h-uile duine.'

Choimhead Ruairidh air gu feòrachail, 'Tha sin cho còir dhuibh a ràdh, ach na biodh dragh oirbh, pàighidh sinn sibh gun teagamh. Tha mi a' faighinn airgead math bhon iasgach.'

Thomhais an tàillear i airson a h-aodach. 'S e sgiorta phlèan ghlas agus lèine le coilear àrd agus guailleachan a roghnaich i.

---

guailleachan *shawl*

Cha robh an tàillear pòsta. Bha e a' fuireach ann an taigh-tughaidh leis fhèin. 'Bidh thu gu math spaideil anns an aodach sin,' thuirt e le fiamh a' ghàire.

''S mi a bhios,' dh'aontaich i gu h-aighearach.

''S i a bhios gu dearbha,' thuirt Ruairidh agus a shùilean oirre gu sunndach.

Bha e mu thràth air cìrean agus brèid fhaighinn bho cheannaiche ann am Port Rìgh. Bha e cuideachd air fàinne òir fhaighinn dhi bhon aon cheannaiche.

Seachdain ron phòsadh chaidh e dhan Torran agus thàinig e air ais le aodach na bainnse. Bha e an dòchas gum biodh Iseabail toilichte leis an aodach, agus 's i a bha.

'Ò, tha sin cho brèagha,' ghlaodh i, 'feuchaidh mi orm iad aig an taigh.'

Chòrd an guailleachan liath-ghorm rithe gu h-àraidh. Bha e aotrom agus air a dhèanamh de shìoda.

'Ò, a ghràidh, bidh thu dìreach eireachdail.'

Rinn i gàire, 'Trobhad an seo.' Chuir i a gàirdeanan timcheall air gu gaolach, 'Chan eil fhios a'm dè chanas mi, tha mi cho toilichte.'

Rinn e snodha-gàire, 'Can gu bheil gaol agad orm!'

'Tha fhios agad gu bheil gaol agam ort.'

'Cha robh mi ach a' tarraing asad.'

Dh'aom i a ceann, 'Seachdain eile agus bidh sinn pòsta, cha leig thu leas an uair sin a bhith a' tarraing asam.'

Dh'fhàs aodann dùrachdach. Choimhead e oirre gu gaolach. 'Nach bi e math nuair a bhios a' bhanais seachad agus faodaidh sinn a bhith leinn fhìn.'

---

cìrean *combs*
brèid *woman's headdress, worn the morning after her marriage*

‘Ò bithidh, bidh cho math,’ thuirt i gu toilichte.

Thug iad pòg dha chèile, mus do dh’fhàg i airson an taigh aice fhèin.

* * *

Thàinig na mnathan timcheall an oidhche ron bhanais. Bha grunn chearcan ann agus bha aca rin spìonadh. Bha rabaidean ann cuideachd agus bha aca rim feannadh. Cha tuirt duine cò às a thàinig iad. Cha robh e ceadaichte rabaidean a mharbhadh, ach bha cuideigin air grunn mhath dhiubh a ghlacadh. Leis an airgead a fhuair e bhon iasgach, bha Ruairidh air uisge-beatha a cheannach. Bha e airson dèanamh cinnteach gum biodh banais mhath ann.

Nuair a thàinig latha a’ phòsaidh, bha e blàth, grianach agus cho-dhùin iad gum biodh e math na bùird a chur a-mach air an lianaig aig cliathaich an taighe.

‘Am biodh e na b’ fheàrr a-staigh san taigh, dè ma chì an Caimbeulach no cuideigin bhon oighreachd sinn?’ thuirt Iseabail.

‘Seo an latha againne, faodaidh sinn an rud a thogras sinn a dhèanamh,’ thuirt e gu sunndach. ‘Chan fhaod maor no uachdaran bacadh a chur oirnn.’

Rinn i gàire. ‘Bidh e a’ faireachdainn saorsainneil a-muigh anns a’ ghrèin ceart gu leòr. Ach tha mi an dòchas nach fhaic iad sinn.’

Bha na nàbaidhean air tighinn, nam measg Ailean

---

spìonadh *pluck*
feannadh *skin*

Mòr agus a theaghlach, agus bha Dòmhnall Donn agus a theaghlach ann à Hallaig. Chuir na teaghlaichean fàilte mhòr air a chèile. 'S e latha mòr a bh' ann is Ruairidh a' dol a phòsadh. Ged a bha beagan dragh orra cuideachd agus fios aca gun robh iad a' briseadh riaghailt an uachdarain.

Às dèidh craic agus còmhradh thàinig meadhan-latha, an uair a bha suidhichte airson a' phòsaidh agus shuidh a h-uile duine aig na bùird ach Dòmhnall 'an Ruairidh agus fear agus bean na bainnse agus na maighdeannan aice. Sheas iadsan air beulaibh nam bòrd. Bha Iseabail a' coimhead brèagha na sgiorta ghlas agus lèine ghorm agus a guailleachan sìoda. Bha ise air làimh chlì Dhòmhnaill agus Ruairidh agus Calum air an làimh dheis. Bha peathraichean Iseabail, Eilidh agus Flòraidh, nam maighdeannan aice.

Bha Bìoball aig Dòmhnall na làimh. Cha robh e a' coimhead uabhasach misneachail.

'Tha sinn an seo,' thòisich e, 'air latha brèagha samhraidh airson dithis a thoirt còmhla ann an ceangal pòsaidh. Cha do rinn mise a leithid de sheirbheis riamh roimhe ach tha fhios agam gu bheil e ceart dhomh seo a dhèanamh. Mar a tha e ag ràdh a's a' Bhìoball agus mar a thuirt Ìosa fhèin:

"An Tì a rinn air tùs iad, gun do rinn e iad fear agus bean... Air an adhbhar seo, fàgaidh duine athair agus a mhàthair agus dlùth-leanaidh e ra mhnaoi: agus bidh

---

maighdeannan *bridesmaids*

iad araon nan aon fheòil. Air an adhbhar sin, cha dithis iad nas mò, ach aon fheòil. Uime sin, an nì a cheangail Dia, na sgaoileadh duine."'

Chuir e am Bìoball sìos air a' bhòrd. 'Sin am barantas a th' agamsa gu bheil e ceart an dithis seo a phòsadh, agus gur e lagh Dhè agus nach e lagh an uachdarain a tha a' seasamh.'

Tha an luchd-èisteachd a' bualadh am basan.

Chùm e air, 'A-nise, tha sinn a' tighinn gu cnag na cùise.' Thionndaidh e ri Ruairaidh, 'Can seo às mo dhèidh, "Ann an ainm Dhè, tha mise Ruairidh MacLeòid..."' Thuirt Ruairidh na h-aon fhacail às a dhèidh, 'gad ghabhail, Iseabail NicIllÌosa, mar mo bhean-phòsta, 's gum bi thu còmhla rium bhon latha seo a-mach, biodh cùisean math no dona, biodh sinn beairteach no bochd, biodh sinn tinn no slàn, bidh gràdh agam ort agus taisgidh mi thu gus an dealaich am bàs sinn.'

Thionndaidh e ri Iseabail agus thuirt ise na h-aon fhacail às a dhèidh, 'Ann an ainm Dhè, tha mise Iseabail NicIllÌosa gad ghabhail, Ruairidh MacLeòid... gus an dealaich am bàs sinn.'

'Tha mi a' tuigsinn,' thuirt an t-èildear ri Ruairidh, 'gu bheil fàinne agad.'

Thug Calum, am fear-comhailtich, an fhàinne dha Ruairidh agus chuir esan i air làimh bean na bainnse.

Chrìochnaich Dòmhnall 'an Ruairidh le rann beannachaidh.

---

barantas *guarantee*

Mìle fàilte dhut led bhrèid
Fad do rè gun robh thu slàn.
Mòran làithean dhuibh is sìth,
Ler maitheas is ler nì bhi fàs.

Chrìochnaich Dòmhnall leis an rann sin agus thug e cuireadh do Eòin, bràthair Iseabail, sgal a thoirt air a' phìob. Rinn Eòin sin, a' cur fàilte air a' chàraid ùir le port aighearach agus às dèidh sin bha a h-uile duine deiseil airson na bainnse.

Bhruidhinn Ailean Mòr às leth Ruairidh, 'Togaibh ur glainneachan,' thuirt e, 'òlaibh deoch-slàinte dha fear agus bean na bainnse. Tha mise air a bhith eòlach air Ruairidh on a bha e na leanabh. Tha mi a' creidsinn gun dèan e companach math dha Iseabail. Bha e riamh math air obair agus on a thòisich e gam chuideachadh leis an iasgach tha mi air lorg gu bheil e fìor mhath air iasg a ghlacadh.

'Ach chan e dìreach iasg a tha e comasach air a ghlacadh, mar a tha follaiseach bhon tè a tha na suidhe ri a thaobh. Mar a thuirt am bàrd:

Shuidhich mi lìon air fìor-uisg' tana,
's mi strì ga tharraing air bruaich;
'S thug mi le sgrìob air tìr a' ghealag,
'S a lì mar eal' air a' chuan:
'S toilicht' a dh'fhàg e 'n là sin m' aigne,
An roinn a bh' agam san uair:
B' i coimeas mo cheudmhnà reult na maidne,
Mo chèile cadail 's mi 'm shuain.

---

sgal *wail/blast (on the pipes)*

'Agus, gu dearbh, 's e reult na maidne a th' anns an tè seo, agus gealag nach fhacas riamh a leithid. Tha mi a' faicinn gu bheil rudhadh a' tighinn na gruaidh, ach 's e an fhìrinn a th' ann. Tha mi ag ùrnaigh gum bi iad sona ge brith càit am bi iad ann an seo ann an Ratharsair no ann an Astràilia thall.'

Thog e a ghlainne agus ghabh e steall beag aiste.

Dh'èirich Ruairidh Beag gu a chasan agus rinn e fhèin òraid. 'Tha mi ag aontachadh ris a h-uile facal a thuirt Ailean. Tha mi air a bhith eòlach air Iseabail on a thàinig i a dh'fhuireach ann an Àrnais còmhla ris an teaghlach aice grunn bhliadhaichean air ais. Agus ged a bhiodh i le rudhadh gruaidh, canaidh mi seo: nighean ghasta urramach gun a' ghàire uair sam bith fada uaipe, sin agaibh Iseabail.

'Agus ged nach eil mi cho eòlach air Ruairidh, tha fhios a'm gur e iasgair math a th' ann agus, mar a thuirt Ailean, duine stuama. Ann an Iseabail fhuair e gealag nach eil a samhail ann. Mar dhà bhradan ealamh seòlaidh iad thar chuantan na beatha gun strì sam bith. A-nise tha mi a' togail mo ghlainne dhaibh agus a' guidhe dhaibh beatha shona còmhla.

'Chan e rud furasta a th' ann a bhith a' pòsadh ann an Rathasair anns an latha a th' ann. Tha sinn gu mòr an comain Dhòmhnaill an seo airson na daoine òga seo a phòsadh. Mar a thuirt e fhèin, tha lagh Dhè nas cudromaiche na lagh an uachdarain.'

---

stuama *modest*
ealamh *swift/nimble*

Bha bualadh bhasan am measg luchd na bainnse.

Choimhead Ruairidh mun cuairt. Bha e toilichte le mar a bha cùisean a' dol. Bha an teaghlach aige fhèin ann à Hallaig agus bha iad a' measgachadh gu math leis an teaghlach aig Iseabail agus bha na nàbaidhean ann cuideachd. Bha biadh agus deoch gu leòr ann agus chitheadh e gun robh cùisean a' còrdadh ris a h-uile duine. Thug e sùil air Iseabail ri a thaobh. Cha mhòr gum b' urrainn dha a chreidsinn gun robh e a-nis pòsta aig nighean cho àlainn.

Bha a h-uile càil air tachairt cho luath, dìreach trì mìosan on a thàinig e a dh'Àrnais. Smaoinich e cho fortanach 's a bha e obair fhaighinn agus taigh, 's chan e sin a-mhàin ach bha e pòsta a-nis aig gaol a' chridhe. Agus sin a dh'aindeoin an uachdarain agus a' Chaimbeulaich agus na riaghailtean borb aca.

Às dèidh a' bhìdh chaidh na bùird a chur gu aon taobh agus ghleus Eòin òg a' phìob agus bha dannsa ann air an lianaig. Dhanns Ruairidh agus Iseabail an toiseach agus às dèidh sin lean na h-aoighean eile. Bha òrain gan seinn cuideachd. Sheinn Ailean Mòr, aig an robh guth math seinn, earrainnean à 'Òran d' a Chèile Nuadh-phòsta' le Donnchadh Bàn agus shaoil a h-uile duine gun robh e gu math freagarrach, gu h-àraidh seach gun robh e air earrann bhon òran aithris san òraid aige.

Bha Ruairidh air a dhòigh gun do rinn an teaghlach aige an gnothach air tighinn chun na bainnse. Chan e dìreach athair is a mhàthair ach Iain agus Niall òg agus a pheathraichean Anna, Màiri agus Seònaid cuideachd.

'Tha sinn a' fuireach còmhla ri Ailean a-nochd agus bheir e sinn chun a' Chlachain a-màireach,' thuirt athair.

'Tha mi cho toilichte gum b' urrainn dhuibh tighinn,' thuirt e.

''S e nighinn ghasta a th' agad an sin, tha mi an dòchas gun tèid gu math dhuibh.'

'Tha mi an dòchas gun tèid, tha a h-uile càil cho caochlaideach san t-saoghal a th' ann.'

Ghnog athair a cheann.

Bha fios aig athair dè bha e a' ciallachadh. Bha an suidheachadh anns an robh iad mar eileanaich an-còmhnaidh mar sgòth dhorcha os an cionn. Ach cha robh Ruairidh ag iarraidh gum milleadh na smuaintean sin an latha air. Dh'fhaodadh sin fuireach gu latha eile.

Thàinig Iain, a bhràthair a-nall thuige. 'Ciamar a tha a' chas-chrom?' thuirt e le gàire.

'Ò, tha i gu math feumail, 'ille, mar a bhiodh dùil.'

Bha cuimhne mhath aig an dithis aca mar a chaidh breith air a' gearradh cas air a son.

'Nuair a bhios sinn an Astràilia, bidh mi a' cuimhneachadh mar a thachair dhuinn,' thuirt Iain.

Thàinig sgleò air aodann a bhràthar. Chuimhnich e mar a thuirt athair, gum biodh an teaghlach a' gluasad a dh'Astràilia ro dheireadh an t-samhraidh. 'S dòcha nach fhaiceadh e tuilleadh iad.

'Bidh agus mise, 's e droch latha a bh' ann.'

'Ach latha math cuideachd,' ars a bhràthair agus e a' coimhead mun cuairt.

'Tha mi gad thuigsinn, tha thu glè cheart, cha bhithinn air coinneachadh ri Iseabail mura b' e na thachair an latha ud. Far an dùin doras, fosglaidh doras.'

Agus sin mar a chaidh an latha, a' measgachadh le càirdean is nàbaidhean. Bha e fadalach san fheasgar mus do chrìochnaich cùisean agus mus deachaidh Ruairidh agus Iseabail dhachaigh gun taigh aca.

Nuair a ràinig iad an taigh, rug iad air a chèile agus phòg iad. Làrna-mhàireach bhiodh latha dheth aca agus an uair sin dheigheadh iad air ais gu obair agus beatha àbhaisteach. Bha iad a' faireachdainn gun robh saoghal mòr iongantach romhpa, ged a bha e neo-chinnteach cuideachd.

* * *

Tràth anns a' mhadainn, air an latha às dèidh na bainnse, bha coinneamh a' tachairt san taigh mhòr. Timcheall a' bhùird san t-seòmar-suidhe bha am maor-gruinnd, Donnchadh Caimbeul, am buidealair, Tòmas Bunning agus Tòmas MacAnndra, manaidsear obair fearainn. Nuair a bhiodh an t-uachdaran air falbh mu dheas, 's iadsan a bhiodh a' stiùireadh agus a' cumail sùil air gnothaichean. Cuideachd, còmhla riutha mun bhòrd bha an t-Urramach Uilleam MacDhùghaill, ministear na h-Eaglaise Saoire.

‘Tha mi a’ tuigsinn,’ thuirt am maor-gruinnd, ‘gu robh pòsadh ann an Àrnais an-dè agus mar a tha fios agaibh tha sin toirmisgte, a rèir riaghailt an uachdarain.’

‘Bha, agus tha fios againn cò a bh’ ann,’ thuirt Bunning. ‘Chaidh bannan a chur suas ann an Torran seachdain no dhà air ais.’

Cha robh mòran a’ tachairt anns an eilean nach robh fios aig a’ bhuidealair air. Bhiodh e a’ cumail leabhar-latha agus a’ gabhail nota de chàil sam bith a bha a’ tachairt, gu h-àraidh dad a bha a’ buntainn ris an oighreachd. Mhìnich e gur e Ruairidh, mac Dhòmhnaill Dhuinn à Hallaig a phòs nighean le Iain nam Feàrnaibh à Àrnais.

Rinn an Caimbeulach gnòst, ‘Sin am fear a bha a’ gearradh fiodh anns a’ choille faisg air Hallaig dhà no trì mhìosan air ais. Tha e soilleir nach eil spèis sam bith aige dhan lagh.’

Bha MacAnndra, duine mòr làidir às na Crìochan, ag èisteachd gu dùrachdach. ‘Saoil cò a phòs iad?’

Choimhead e, agus an triùir eile, an taobh a bha an t-Urramach MacDhùghaill. Bha an t-Urramach a’ coimhead stòlda agus cùramach, ‘Gu dearbha chan e mise, tha fios agaibh nach deidhinn an aghaidh riaghailtean na h-oighreachd.’

‘Tha mi air cluinntinn gur e èildear, Dòmhnall ’an Ruairidh a phòs iad,’ thurt Bunning.

Bha sàmhchair ann airson tiotan no dhà agus iad uile a’ feitheamh ri dè a chanadh an t-Urramach MacDhùghaill.

Mu dheireadh thuirt e, 'Mas e, cha d' fhuair e cead bhuamsa. Ged a chuala mi gun do thachair e uair no dhà, chan eil e ceadaichte a rèir riaghailtean na h-eaglaise.'

Bha aghaidh a' Chaimbeulaich a' coimhead buaireasach. 'Tha an riaghailt soilleir nach fhaod duine pòsadh gun chead fhaotainn bhon uachdaran, agus tha e soilleir nach d' fhuair am blaigeard sin cead. Feumar eisimpleir a dhèanamh dheth. Ma gheibh e às leis, bidh a h-uile duine a' briseadh nan riaghailtean agus bidh ceannairc a' riaghladh.'

Dh'aontaich iad uile gum feumar an lagh a bhith air a choileanadh. Ged nach robh Mgr Rainy an làthair, bha e air a dhèanamh gu math soilleir dè a dh'fheumadh tachairt nam biodh luchd-gabhail a' briseadh nan riaghailtean. Agus chan e fiù 's neach-gabhail a bh' anns an fhear a phòs. Nach deach a chur a-mach às a dhachaigh ann a' Hallaig agus a-nis bha an aghaidh aige riaghailt eile a bhriseadh. Cha bhiodh e doirbh dèiligeadh ris. Cha robh seasamh sam bith aige anns an lagh. Bha Bunning air innse dhaibh gun robh MacLeòid a' fuireach ann an taigh a chaidh fhàgail falamh ann an Àrnais.

Dh'aontaich an triùir a bha ag obair dha Mgr Rainy gum feumte MacLeòid agus a bhean a chur a-mach às an taigh gun dàil. Chan ann leis a bha an taigh co-dhiù. Ged a bha a smuaintean fhèin aig an Urramach MacDhùghaill mun chùis, cha tuirt e guth. Dè a b' urrainn dha a dhèanamh. B' ann aig an uachdaran a bha a' chumhachd.

---

buaireasach *troublesome*
ceannairc *rebellion*

12.

Bha e às dèidh meadhan-latha agus bha Ruairidh agus Iseabail nan suidhe aig a' bhòrd a' gabhail grèim bìdh. Bhruidhinn iad mu iomadh cuspair, mu dheidhinn a' phòsaidh agus cho math agus a rinn Dòmhnall 'an Ruairidh, mu dheidhinn na bainnse agus na daoine a bha an làthair. Bha e cho math a bhith nan suidhe còmhla agus a' faighinn eòlas air a chèile. Agus iad san taigh aca fhèin. Chaidh Ruairidh a-null agus chuir e fàd air an teine. Ged nach robh e fuar agus toiseach an t-samhraidh ann, bhiodh e math teine a bhith ann. Bu toigh leis agus le a bhean ùr fàileadh na mòna.

Agus bha latha dheth aige. Bhiodh iad còmhla fad an latha. Às dèidh biadh a ghabhail, shuidh iad air a' bheing taobh ri taobh.

Gu h-aithghearr, shuidh e suas dìreach. 'An cuala tu siud, tha mi cinnteach gur e sitrich eich a bh' ann.'

Chaidh e chun an dorais, 'An ainm an Àigh, Iseabail, trobhad agus faic seo.'

Chaidh i ri a thaobh. Chuir i a làmh air a ghàirdean, 'A ghaoil mo chridhe, dè tha air tighinn oirnn?'

Bha an Caimbeulach ann agus ceathrar eile bhon oighreachd air muin eich, Tòmas MacAnndra, am manaidsear fearainn nam measg. Theàrn iad uile bho na h-eich agus thàinig am maor-gruinnd agus a cho-obraichean a-nall chun an dorais.

---

sitrich eich *neighing of a horse*

'Seo,' ars an Caimbeulach, agus gruaim air, 'am fear a bhios a' briseadh nan riaghailtean, a' gearradh chraobhan gun chead agus a-nis a' pòsadh gun chead. Chan eil còir sam bith agad air an taigh seo. Bha e le teaghlach a dh'fhàg airson Astràilia, far am bi sibhse ann an ùine nach bi fada.'

'A bheil dad agad ri ràdh?' thuirt MacAnndra.

Sheall Ruairidh air a' chòignear agus iad a' dian-amharc orra nan seasamh san doras.

'Tha seo agam ri ràdh, chaidh ar pòsadh an-dè le èildear às an eaglais. Chaidh ar pòsadh a rèir riaghailtean na h-eaglaise agus lagh Dhè. A bheil càil ceàrr air sin?

Las sùilean a' Chaimbeulaich gu feargach, 'A bhlaigeard a tha thu ann, cò thusa a dhol gar teagasg-ne ann an lagh no riaghailt. Tha fhios agad deamhnaidh math air riaghailtean na h-oighreachd. Mach à seo sibh 's sinn a' dol a chur teine ris an taigh.'

Bha Iseabail air a h-uabhasachadh. Chaidh i far an robh am maor agus rug i air a' ghàirdean, 'Tha sibh a' faicinn gu bheil sinn dìreach air pòsadh. Tha fhios nach cuireadh sibh a-mach às an taigh sinn. Nach eil truas agaibh rinn?'

'Truas, chan ann leibh a tha an taigh seo, nise mach às an rathad.'

Rug triùir air Ruairidh agus tharraing iad air falbh bhon doras e. Thòisich Iseabail a' caoineadh ach cha robh dad ann a b' urrainn dhi a dhèanamh.

Chaidh na fir a-steach dhan taigh. Bha bad feòir aig aon dhiubh agus las e bhon teine e agus chaidh e a-mach agus chuir e lasair ris an tughadh. Cha b' fhada gus an robh grèim math aig an teine. Fhad 's a bha na fir a' cur lasair ris a' mhullach, bha am maor taobh a-staigh an taighe, a' tilgeil rudan bun-os-cionn agus a' dèanamh milleadh. Bha mias le uisge air a' bhòrd. Rug e oirre agus thilg e an t-uisge air an teine, ga mhùchadh. Dh'fheuch Ruairidh ri stad a chur air ach ghabh dithis dhe na fir grèim air agus stiùir iad a-mach e.

Sheas Iseabail taobh a-muigh an taighe agus i a' gal gu h-èiginneach. Chuir Ruairidh a làmh mu a gualainn, 'À a ghràidh, chan eil ann ach taigh, tha ar beatha againn fhathast.'

Ach cha ghabhadh a cofhurtachadh, 'Na brùidean, tha sinn dìreach air pòsadh... agus tha iad gar cur a-mach às ar dachaigh...'

'Tha fhios a'm, cò ris a bhiodh dùil bho na balgairean...'

Bha nàbaidhean air cruinneachadh, teaghlach Iseabail agus teaghlach Ailein Mhòir nam measg. Bha iad ag èigheach agus a' càineadh na bha a' tachairt, ach cha b' urrainn dhaibh mòran eile a dhèanamh agus an teine a-nis air grèim fhaighinn agus lasraichean is ceò ag èirigh gu na speuran. Cha b' fhada gus an robh an taigh na smàl.

''S iomadh droch rud a chunnaic sinn ann an Ratharsair ach tha seo air rud cho olc 's a thachair riamh, gun dèanadh Dia tròcair oirnn,' ars Ailean.

---

mias *basin*
smàl *up in flames; burnt out*

‘Chan eil tròcair as na daoine grod a tha sin, sin aon nì cinnteach, no urram do lagh Dhè,’ arsa Dòmhall ’an Ruairidh. ‘Air ùr-phòsadh agus seall orra, na trustairean.’

Nuair a bha iad cinnteach gun robh iad air milleadh cho mòr ’s a b’ urrainn dhaibh a dhèanamh, dh’fhalbh iad cho luath ’s a thàinig iad. Ach mus do dh’fhalbh an Caimbeulach dh’èigh e a-mach riutha, ‘Mura cùm sibh ri riaghailtean na h-oighreachd, tha sibh a’ faicinn dè a thachras.’

Bha a h-uile duine a’ faireachdainn duilich airson na càraid phòsta. Chaidh na facail ‘suarach’ agus ‘tàmailteach’ a ràdh uair no dhà no trì. Bha a h-uile duine a’ toirt cuireadh dhaibh fuireach còmhla riutha, ach thuirt Ailean Mòr, ‘Faodaidh sibh fuireach còmhla rinne gus an smaoinich sinn dè an ath cheum a bhios ann.’

Bha Ruairidh toilichte sin a chluinntinn ’s e cho troimh-a-chèile ’s nach b’ urrainn dha smaoineachadh ceart. Bha a h-uile càil air tachairt cho aithghearr. Aon mhionaid bha a bheatha làn toileachais ’s an ath mhionaid bha e ann an sloc na dòrainn. Gu h-àraidh bha e a’ faireachdainn duilich airson Iseabail. Bha e a’ smaoineachadh gun robh e air àite seasgair fhaighinn dhi. Ach an aisling a bh’ aige gum biodh iad sona sàbhailte, agus gum biodh beatha aca ann an Ratharsair, bha sin a-nis air am mùchadh mar a bha an teine.

---

sloc na dòrainn *depths of despair*

13.

Bha iad nan seasamh a' coimhead gu tùrsach air a' cheò ag èirigh às an tobhta airson ùineachan.

'Trobhaidibh,' thuirt Ailean, agus e a' faicinn cho muladach 's a bha iad, 'na bithibh a' caoidh. Tha beatha romhaibh ged 's dòcha nach ann an seo.'

Leis na facail dhìomhair sin chaidh iad còmhla ris dhan taigh aige.

Chuir iad seachad an còrr dhen latha a' meòrachadh air an ath cheum. Bha fios aca gun robh fàilte orra ann an taigh Ailein airson greis, ach bha an-còmhnaidh cunnart ann do dhaoine a bha a' toirt fasgadh dhaibhsan ris an canadh an t-uachdaran luchd-brisidh an lagha. Bha dòighean aige air dìoghaltas a dhèanamh air daoine a bha e a' faicinn mar nàimhdean. 'S dòcha am màl a chur suas no crìoch a chur air an gabhaltas.

'Chan eil e ceart,' thuirt Ruairidh, nuair a fhuair e fhèin agus Iseabail cothrom a bhith leotha fhèin, 'a bhith a' fuireach ro fhada còmhla ri bràthair m' athar. Tha e ga chur-san ann an cunnart.'

Bha iad a-muigh aig cliathaich an taighe.

Dh'aontaich Iseabail, 'Chan eil e ceart idir fuireach còmhla ris ro fhada, ach dè 's urrainn dhuinn a dhèanamh?'

Choimhead e a' ghrian a' dol fodha thairis air an

---

dìoghaltas *revenge*

Stòrr. Bha sealladh fad às na shùilean. 'Tha e soilleir dè dh'fheumas sinn a dhèanamh.'

Choimhead i air le iongnadh, 'A bheil?'

'Feumaidh sinn a dhol a dh'Astràilia. Chan eil seo gu feum sam bith.'

Bha iad sàmhach airson greiseag, a' feuchainn ri gabhail a-steach dè bhiodh sin a' ciallachadh. A' fàgail eilean am breith agus an àraich. A' dol gu taobh eile an t-saoghail. Bha fios aca a-nis mar a bha na ceudan eile a chaidh fhuadach agus a dh'fhàg Ratharsair a' faireachdainn. Aon uair 's gum falbhadh iad, chan fhaigheadh iad air ais gu bràth.

'Chan eil e ceart, ach feumaidh sinn falbh,' thuirt e.

'Tha fhios a'm a ghaoil, feumaidh, ach tha aon rud math ann...'

Choimhead e oirre gu feòrachail.

'Tha na teaghlaichean againn a' dol a dh'Astràilia a dh'aithghearr. Cha bhi sinn leinn fhìn.'

Airson a' chiad uair an latha sin, thàinig snodha-gàire fann air aodann. 'Tha thu ceart, cha bhi sinn leinn fhìn, bidh ar teaghlaichean ann cuideachd.'

Rinn i gàire air ais, 'Agus bidh sinn còmhla às bith càit am bi sinn.'

Tharraing e i thuige, 'Bidh a ghràidh, uachdaran ann no às.'

* * *

Bha na seachdainean às dèidh an taigh a bhith air a sgrios gu math riaslach. Aon uair 's gun do chuir iad romhpa gun robh iad a' dol a dh'fhàgail Ratharsair airson Astràilia, ghluais cùisean gu luath. Chuala iad gun robh bàta, an *Edward Johnstone*, a' fàgail airson Astràilia air an ath mhìos ann an Ògmhios na bliadhna à Liverpool. Smaoinich Ruairidh agus Iseabail gum biodh e math faighinn air a' bhàta sin oir bhiodh an teaghlach aicese agus teaghlach Ruairidh buailteach a bhith oirre cuideachd. Ach dh'fheumadh cùisean a bhith air an rèiteach an toiseach. Dh'fheumadh e innse dhan uachdaran gun robh iad ag iarraidh às-imrich a dhèanamh.

Dh'aontaich bràthair-athar a thoirt chun an taigh mhòir anns a' Chlachan anns a' bhàta aige. Agus air latha brèagha samhraidh, sin dè a rinn e.

'Chan eil mi a' smaoineachadh gum bi duilgheadas agad,' thuirt Ailean gu searbh, 'bidh e ro dheònach faighinn cuidhteas dhìot.'

'Mar a tha e deònach cuidhteas fhaighinn dhen a h-uile coitear eile.'

'Bidh mi duilich d' fhaicinn a' falbh, ach sin an saoghal a th' againn. Ach tha aon rud math, bidh sibh a' falbh mar theaghlach.'

Bha iad sàmhach airson greis a' smaoineachadh air na bha romhpa. Bhiodh Ruairidh a' falbh agus bràthair-athar a' fuireach. Cha robh miann sam bith aig Ailean an t-eilean fhàgail, agus bha e an dòchas nach tigeadh air sin a dhèanamh. Fhad 's a bhiodh e soirbheachail leis an iasgach, b' urrainn dha am màl a phàigheadh.

Bha beanntan an Eilein Sgitheanaich air an làimh dheis mar a bha iad a' dlùthachadh ris a' Chlachan. Chitheadh iad a-nis an taigh mòr agus craobhan timcheall air. Taigh mòr spaideil. Fhuair iad a-steach aig an laimrig agus chaidh Ruairidh air tìr. Dh'fhuiricheadh Ailean sa bhàta gus an tilleadh e.

Fhad 's a bha e a' dol suas chun an taigh mhòir, chuir e òrrais air a' smaoineachadh air cho mì-chothromach 's a bha a h-uile càil. Na daoine bochda a' fuireach ann an taighean-tughaidh suarach agus daoine beairteach mar Rainy a' fuireach ann an taighean mòra spaideil mar an taigh seo. Chan e sin a-mhàin ach an duine beairteach seo a' ruagadh an tuatha às na taighean aca, na dachaighean air an robh iad eòlach, truagh 's ged a bha iad. Chuir a bhith a' faicinn an taigh mòr spaideil aig Rainy an caothach air. Bha a h-uile càil cho ceàrr agus bun-os-cionn.

Nuair a fhuair e chun an dorais-aghaidh, tharraing e an clag. Cha robh fios aige cò thigeadh chun an dorais. An e Rainy fhèin a bhiodh ann? Ach cha b' e. 'S e bh' ann ach Tòmas Bunning, am buidealair, duine na mheadhan-aois le siosacot uaine. Bhruidhinn e ann am Beurla Shasannach.

'Yes, can I help you?'

Ged nach robh a' Bheurla aige ach mu làimh, bha gu leòr aige airson freagairt a thoirt dha.

---

chuir e òrrais air *it made him nauseous*
siosacot *waistcoat*

'Myself and my wife would like to emigrate to Australia. I would like you to tell Mr Rainy.'

Nuair a chuala am buidealair sin, dh'fhàs e beothail. Bha e ro thoilichte daoine a chuideachadh le às-imrich. Bha fios aige gun robh agus a mhaighstir. Thug e a-staigh dhan t-seòmar-suidhe e agus chuir e ceistean air agus e a' sgrìobhadh a h-uile càil sìos. Ainm, cò às a bha e, carson a bha e ag iarraidh falbh agus mar sin air adhart.

Choimhead e air gu dian. *'You're the man who married illegally aren't you?'*

'According to the law of God.'

Thàinig plìonas air a' bhuidealair. *'Yes, yes, but not according to our rules.'*

Bha a ghuth Sasannach ga shàrachadh ach cha tuirt e an còrr. 'S math a bha fios aig an duine seo cò a bh' ann. Cha robh càil a' dol seachad air. Ach gu cinnteach cha robh e ag iarraidh argamaid ris, agus a' chumhachd aige, ma dh'fhaodte, an t-iarrtas aige a dhiùltadh.

Cha robh Mgr Rainy aig baile, thuirt e, ach dh'innseadh e dha agus cha robh adhbhar sam bith aige smaoineachadh nach toireadh e cead dhaibh falbh. 'S ann a bheireadh e cuideachadh dha le aodach agus brògan agus phàigheadh e am faradh aca gu Liverpool. Bhiodh cuideachadh ann cuideachd leis an fharadh gu Astràilia. Thadhaileadh am bàilidh, Mgr MacDhòmhnaill, orra cuideachd le foirmichean a dh'fheumte a lìonadh. Thadhaileadh agus an Dotair MacLeòid airson dèanamh cinnteach gun robh e fallain agus airson banachdach a thoirt dha fhèin agus a bhean an aghaidh na brice.

Às dèidh taing a thoirt dhan bhuidealair, chaidh e air ais chun a' bhàta far an robh Ailean a' feitheamh. Dh'inns e dha mar a thachair agus chuir e fàilte air an naidheachd. Chan e gun robh dùil aige gum biodh duilgheadas sam bith ann agus an t-uachdaran cho deònach daoine fhaicinn a' falbh.

'Ann an dòigh, bha thu fortanach nach robh e fhèin ann, chuireadh e an fhearg ort, tha mi cinnteach, an duine fhaicinn.'

'Tha thu ceart, chuireadh e sin, dìreach an fhearg orm. Bha e dona gu leòr a bhith faicinn an taigh' aige. Chuir sin fhèin an fhearg orm.'

Chuir iad suas an seòl agus sheòl iad gu socair a-mach bhon Chlachan. Bha iad sàmhach leis na smuaintean aca. Ruairidh a' smaoineachadh air na thachair agus na bha air thoiseach orra. E gu bhith air a sgaradh bho a dhàimhean agus eilean àraich. Dh'fhàg sin a chridhe tùrsach, trom. Ailean le a smuaintean fhèin, a' smaoineachadh air mar a bhiodh an cuan mòr farsaing ga sgaradh bho a chàirdean.

---

banachdach *vaccination*

14.

Nuair a ràinig Ruairidh air ais bho a thuras dhan Chlachan, dh'inns e dha Iseabail mar a chaidh dha agus bha i ro thoilichte. Fhad 's a bha e air falbh, bha i air a bhith a' smaoineachadh mar a bha air tachairt dhaibh. Na h-inntinn bha i air co-dhùnadh gum biodh e fichead uair na b' fheàrr an t-eilean fhàgail agus beatha ùr a dhèanamh thall thairis. Cha b' urrainn dad a bhith na bu mhiosa na an suidheachadh anns an robh iad. Bhiodh Ruairidh agus an teaghlach aice còmhla rithe. Agus cha bhiodh uachdarain gan sàrachadh.

Rinn i gàire aighearach ris, 'Ò, bidh e cho math ar cùl a chur ri seo.'

Choimhead e oirre le iongnadh, 'A bheil thu a' smaoineachadh? Nach bi thu ag ionndrainn Ratharsair?'

''S dòcha gum bi, chan eil fhios agam 's cha bhi gus am fàg sinn.'

Choimhead e oirre gu ceasnachail mar a bhiodh e a' dèanamh gu tric. Bha i cho beothail, dòchasach, cha robh e ag iarraidh na faireachdainnean aice a mhùchadh. Cha tuirt e an còrr. Nuair a dh'fhalbhadh iad dha-rìribh 's dòcha nach biodh i cho toilichte. Cha b' urrainn dha a thuigsinn nach biodh duine ag ionndrainn a dhùthaich fhèin, na h-àiteachan air an robh e eòlach on bha e air a' chìch.

Chaidh na làithean seachad agus thàinig daoine a thadhal orra. Duine àrd caol le ad dhubh chruinn a' riochdachadh a' Chomuinn Eilthireachd agus riaghaltas Astràilia. Mhìnich e mar a bhiodh cùisean ag obair, gum faigheadh iad bàta, an *Chevalier*, air a' cheathramh latha dhen Ògmhios a bheireadh gu Glaschu iad. Gheibheadh iad bàta eile à sin gu Liverpool agus gheibheadh iad bàta, an *Edward Johnstone*, à sin gu Portland ann a' Bhictòria ann an Astràilia. Cha leigeadh a leas dragh a bhith orra mu dheidhinn biadh. Gheibheadh iad biadh gach latha air gach bàta.

Chan e sin a-mhàin, ach gheibheadh iad aodach agus brògan bhon uachdaran agus phàigheadh esan am faradh aca gu Liverpool. Bheireadh an Comunn Eilthireachd iasad dhaibh airson am faradh gu Astràilia agus bhiodh bliadhna aca airson a phàigheadh air ais. Ghabh e fiosrachadh bhuapa agus sgrìobh e a h-uile càil sìos: na h-ainmean agus na h-aoisean aca, agus cò às a bha iad. Bha e toilichte nuair a dh'inns iad dha mu na teaghlaichean aca agus gun robh iadsan a' dol a dh'Astràilia cuideachd.

'Tha sin math,' thuirt e gu socair, ''s toigh leinn nuair a tha teaghlaichean a' falbh còmhla. Chan eil e math teaghlaichean a bhith air an sgaradh.'

Bha e a' coimhead toilichte. Thionndaidh e ri Iseabail, 'Tha mi a-nis a' dol a dh'fhaicinn d' athar. Nach ann thall an seo a tha an dachaigh aige?'

''S ann,' dh'aontaich i, 'thall an sin, mu leth-mhìle air falbh.'

Agus dh'fhalbh e mar dhuine a bha air misean cudromach.

An ath latha thàinig am bàillidh, Mgr MacDòmhnaill, agus bha e fhèin a' lìonadh bhileagan. Dh'fheumadh e sin a dhèanamh airson na h-oighreachd, thuirt e, gus am biodh fios aca cò a bha a' fuireach agus cò a bha a' falbh. 'Airson,' thuirt e, 'mar a thuigeas sibh, bidh an-còmhnaidh daoine a' tighinn agus a' falbh. Ach, gun teagamh, bhiodh barrachd dhaoine a' falbh na bha a' tighinn.' Thuirt e sin le snodha-gàire tioram.

Goirid às dèidh dha fhèin falbh, chunnaic iad duine eile a' tighinn air capall dubh. Cò bh' ann ach an Dotair MacLeòid, e a' coimhead cho spaideil le cleòca tartan mu ghuailnean. Mhìnich e gum biodh e a' toirt dhaibh banachdach airson na brice. Agus cuideachd bhiodh e dèanamh cinnteach gun robh iad fallain gu leòr airson an turais.

Bha e toilichte leotha. 'Tha sibhse a' coimhead gu math fallain,' ars e fhèin. Tha mi a' cluinntinn gu bheil sibh air ùr-phòsadh. Mealaibh ur naidheachd.'

Rinn iad gàire air ais ris. Air ùr-phòsadh gu dearbh, ach saoil an robh fios aige gun deach dèiligeadh gu suarach leotha leis an oighreachd dhan robh esan ag obair. Ma bha, cha do leig e air. Agus shreap e air ais air a' chapall dhubh, a' guidhe latha math dhaibh agus dh'fhalbh e air a shlighe.

---

capall dubh *black mare*

Nuair a dh'fhalbh an dotair, sheall iad ri chèile. Bha e a-nis a' drùidheadh orra nach biodh an ùine fada gus am fàgadh iad Ratharsair. 'S iomadh smuain is faireachdainn a reub an cridheachan. Mar na sgòthan geala san adhar ag atharrachadh bho mhionaid gu mionaid. Aon mhionaid tùrsach, a' smaoineachadh air na caraidean is càirdean a bhiodh iad a' fàgail air an cùlaibh. Ach sin air a mheasgachadh le dòchas, a' smaoineachadh air dè a dh'fhaodadh a bhith air thoiseach orra.

'Bidh sinn ceart gu leòr,' chanadh i ris, 'tha an saoghal mòr romhainn,' agus bheireadh iad gu gaolach air a chèile.

Rinn e gàire fhann air ais, 'Bithidh, bidh sinn ceart gu leòr, a luaidh.'

15.

Thàinig an latha mòr. Bha iad aig a' chladach anns a' Chlachan shìos bhon taigh mhòr a' coimhead a-mach air an *Chevalier*, am bàta a bheireadh air falbh bhon eilean iad gu beatha ùr air taobh eile an t-saoghail. Cha robh iad nan aonar. Bha còrr agus ceud duine eile a' feitheamh airson an eathair a bheireadh a-mach iad chun a' bhàta mhòir, màthraichean is athraichean, òganaich is clann. An teaghlach aig Ruairidh à Hallaig, bha iad ann agus an teaghlach aig Iseabail à Àrnais.

Abair gun robh othail ann, agus deòir. Deòir bho na h-inbhich agus rànaich bhon chloinn. Bha a' chlann fhèin mar gun robh iad a' tuigsinn gun robh rudeigin uabhasach a' tachairt, rudeigin cho mòr agus uabhasach nach gabhadh a chur ann am briathran. Sgòth mhòr neo-fhaicsinneach os an cionn, a' maoidheadh breitheanas neo-aithnichte air choreigin. Agus cha robh dòigh aig am pàrantan air fhalach. Bha iad a' fàgail an eilein anns an do rugadh agus a thogadh iad agus a' falbh a dheòin no a dh'aindeoin gu saoghal air nach robh iad eòlach.

Bha muinntir na h-oighreachd ann, Donnchadh Caimbeul, am maor-gruinnd air an robh Ruairidh cho eòlach, Thomas Bunning, am buidealair agus Seòras Rainy fhèin agus mòran eile air nach robh Ruairidh cho eòlach.

---

othail *buzz/hubbub*
neo-fhaicsinneach *invisible*
breitheanas neo-aithnichte *unknown judgement*

Bha an t-uachdaran a' dèanamh cinnteach gun robh a h-uile duine a' falbh agus nach biodh leisgeul aig duine. Bha a h-uile duine air brògan agus aodach fhaighinn, ach ma bha iad a dhìth air duine bha luchd-obrach na h-oighreachd ann airson frithealadh orra.

Bha an t-Urramach MacDhùghaill ann le Bìoball na làimh. Rinn e ùrnaigh a' guidhe gum biodh soirbheachas leotha bho Dhia, agus e a' toirt taing airson Mgr Rainy a bha cho fialaidh. An uair sin sheinn iad an treas salm thairis air an fhichead, air an robh iad uile cho eòlach.

'S e latha brèagha samhraidh a bh' ann le lainnear na grèine air a' Chaolas agus beanntan an Eilein Sgitheanaich ag èirigh gu h-eireachdail chun an iar-dheis. Cha b' fhada gus an robh Ruairidh agus Iseabail agus an teaghlach aice anns an eathar a bha gan giùlan chun a' bhàta-smùide.

Bha Ruairidh a' smaoineachadh gun robh i brèagha leis na trì croinn agus brataichean air am bàrr, an dà chuibhle-ràmh agus luidhear àrd dorcha le beagan smùid a' tighinn às. Cha b' fhada gus an do shreap iad air bòrd. Bhon àm a thòisich na bàtaichean-smùide beagan bhliadhnaichean air ais, bha iad air atharrachadh mòr a dhèanamh air beatha nan eileanach. Chan e a-mhàin gun robh iad a' toirt eileanaich gu Glaschu agus àiteachan eile ach bha iad a' giùlan bathar de gach seòrsa o bhailtean beaga na Gàidhealtachd gu na bailtean mòra. Baraillean mine, bradain agus sgadain, clòimh agus aodach, crodh agus caoraich.

---

lainnear na grèine *sunrays*
brataichean *flags*
dà chuibhle-ràmh *two paddle wheels*
luidhear *funnel*

Bha Ruairidh agus Iseabail air am beò-ghlacadh leis a' bhàta. Na seòladairean a' ruith mun cuairt a' faighinn an t-soithich deiseil airson an ath sgrìob dhen turas. Caoraich gan toirt air bòrd agus gan cur sa bhràigh aig toiseach a' bhàta. Bèilichean clòimhe cuideachd agus iomadh bathar eile air a stòradh san toll.

'Nach eil e iongantach na rudan as urrainn do mhac-an-duine a dhèanamh?' arsa Ruairidh ri Iain, athair Iseabail, a bha na sheasamh ri a thaobh a' coimhead a-mach air Eilean Ratharsair.

'Nach iomadh gu dearbh, tha an saoghal a' gluasad gu linn eile.'

'B' eòlach mo sheanair air an seòrsa bàta seo.'

'Tha thu ceart, bu bheag fios a bh' aige gun tigeadh a leithid seo. Agus gum biodh sinne a' fàgail an eilein còmhla ris na ceudan eile.'

Bha a-nis a h-uile duine air bòrd agus thòisich na rothan air gach taobh a' sluaisreadh 's a' maistreadh. Ghluais iad air an socair sìos an caolas gu deas. A h-uile eileanach aig toiseach a' bhàta a' coimhead air ais air an eilean a dh'fhàg iad, buidhe agus uaine agus donn ann an solas na grèine. A' smaoineachadh air na càirdean a dh'fhàg iad air an cùlaibh agus nach fhaiceadh iad gu bràth tuilleadh. Agus air an turas a bha romhpa, a bha fios aca a bhiodh cunnartach san *Edward Johnstone*. Chaidh gu leòr eile a dhìth air an turas a dh'Astràilia. Saoil dè bhiodh air thoiseach orrasan.

---

a' sluaisreadh 's a' maistreadh *rushing and churning (of the sea)*

Dùn Cana cho sònraichte air fàire. 'S e sealladh a bh' ann nach dìochuimhnicheadh iad gu bràth. Bha ochanaich ann is osnaich is deòir ann an sùilean mhòran. Thug Ruairidh an aire dha Flòraidh bheag, piuthar Iseabail, agus i a' crochadh ri aodach a màthar, mar a bha gu leòr dhen chloinn eile. Sealladh cho tiamhaidh chan fhaca e riamh.

Smaoinich e, tha sinn gu fìrinneach air falbh a-nise agus chan eil tilleadh ann dhuinn. Saoil am faiceadh e an t-eilean tuilleadh. Bhiodh e ag ionndrainn a chàirdean, Ailean agus a theaghlach gu h-àraidh agus iad air a bhith cho coibhneil ris.

* * *

Aig àm lòin thàinig stiùbhardan timcheall le aran agus pìosan càise. Cha robh tòrr ann, ach chumadh e beò iad.

Bha daoine eile air bòrd cuideachd, luchd-gnothaich agus duine no dhà le deiseachan airm, ministear ann an aodach dubh, agus daoine eile le aodach spaideil. Iadsan uile a' siubhal sa chiad chlas. Gheibheadh iadsan biadh math aig àm dinnearach agus shuidheadh iad aig bòrd anns an t-seòmar-bìdh. Bha mu thràth an còcaire anns a' ghailidh ag ullachadh a' bhìdh. Fàileadh brèagha feòil ròsta a' ruighinn a chuinneanan, feòil air nach blaiseadh na daoine bochda.

Air an t-slighe a Ghlaschu, thadhail iad air iomadh àite agus port, Eilean Iarmain agus Armadal, Tobar

Mhoire agus An t-Òban. Anns gach port bha bathar ga thoirt air bòrd. Bha e a' cur seachad na tìde a' coimhead air na croinn-smùide a' togail cargu air bòrd.

Mu dheireadh, ràinig iad Abhainn Chluaidh.

'Chan fhada gus am bi sinn aig a' Bhroomielaw,' thuirt Ruairidh ri Iseabail agus iad a' dol seachad air Grianaig.

'A bheil fhios agad cò ris a tha e coltach?'

'Chan eil, ach gheibh sinn a-mach a dh'aithghearr. Seall am bàta a tha sin, nach eil i brèagha.'

Bha bàta-siùil le trì croinn a' dol seachad air a' bhòrd-beulaibh aca. Bha iad air am beò-ghlacadh leis na bàtaichean a bha iad a' faicinn, bàtaichean-smùide agus soithichean-siùil.

Bha sealladh fad às ann an sùilean Iseabail. 'Saoil càit a bheil i sin a' dol?'

'Chan eil fhios. 'S dòcha Canada, no Ameireaga no Astràilia le eilthirich coltach rinn fhìn. Nach eil ìmpireachd Bhreatainn air feadh an t-saoghail a-nis.'

'Tha thu ceart agus sinne na pàirt dhith.'

Ràinig iad an cidhe aig a' Bhroomielaw. Cheangail an luchd-obrach an *Chevalier* ris a' chidhe. Bha a' chiad cheum dhen turas aca seachad.

Bha toglaichean stòrais mòra aig a' chidhe agus bàtaichean eile a' feitheamh gus an luchd a thoirt dhiubh. Bha an t-àite air ghoil. Na croinn-smùide a' togail stuth far nam bàtaichean agus na docairean gan stòradh sna

---

croinn-smùide *steam cranes on board a ship*
cargu *cargo*
air a' bhòrd-beulaibh aca *on their starboard side*
luchd *load/cargo*
A' Chiad Mheata *The First Mate*

toglaichean. A' Chiad Mheata a' dèanamh cinnteach gun robh a h-uile nì ann an deagh òrdugh.

Chan fhaca iad a-riamh leithid de shealladh. Daoine a' ruith air ais 's air adhart gun fhosadh. Fàilidhean de gach seòrsa a' coinneachadh an sròinean, gu h-àraidh salchar nan caorach agus fàilidhean saillte air nach robh iad eòlach.

Bha iad nan seasamh a' coimhead air an ùpraid 's a' chabhaig.

'Cho aocoltach ri Ratharsair,' ars Iseabail.

'Tha e a' cur an uabhais orm, cha robh Ratharsair riamh mar seo,' dh'aontaich Ruairidh, 'tha mi an dòchas nach bi Astràilia mar seo.'

Bha sealladh fad às na sùilean. 'Ma bhios, feumaidh sinn gabhail ris.'

Ged a bha i ag ionndrainn Ratharsair, bha na seallaidhean ùra a' còrdadh rithe.

Thug e sùil chòir oirre. Bha e toilichte gun robh a bhean cho treun.

* * *

Choinnich duine àrd ann an deise dhubh agus ad chruinn dhubh iad, riochdaire airson ùghdarras Astràilia, air a' chidhe. Bha cuideachd neach-ionaid ann bhon Chomunn Eilthireachd. Thuirt iad gum biodh iad a' fuireach ann an taigh-loidsidh airson na h-oidhche air

---

gun fhosadh *without stopping*

Sràid Earra-Ghàidheal agus anns a' mhadainn gum biodh iad a' dol air bàta, am *Pioneer*, gu Liverpool.

'Chan eil an taigh-loidsidh fada air falbh,' thuirt am fear leis an ad dhubh, 'treòraichidh an dithis òganach seo ann sibh. Bha an dithis, ris an canadh iad 'runners' deiseil agus deònach. Lean iad iad suas na sràidean gus na ràinig iad an taigh-loidsidh.

Chuir e iongnadh air Ruairidh agus Iseabail cho trang 's a bha na sràidean. Eich agus cairtean le luchd annta a' falbh an siud 's an seo. Daoine le èideadh àraid spaideil air na cabhsairean agus corra dhìol-dèirce na shuidhe aig oir a' chabhsair ag iarraidh cuideachadh.

'B' fheàrr leam gu robh airgead agam, bheirinn dhaibh rudeigin,' ars Iseabail.

''S dòcha aon latha gum bi airgead againn agus faodaidh sinn daoine mar sin a chuideachadh,' thuirt e.

'Tha mi an dòchas nach bi sinn gu bràth ann am bochdainn.'

'Cha bhi, a luaidh, cha bhi idir. Ma bhios lùths annainn a nì obair, cha bhi sinn mar sin.' Bha e ag iarraidh a bhith misneachail. Dh'fheumadh dòchas a bhith aca. Bha Ratharsair a-nis air an cùlaibh, mar aisling às an do dhùisg iad agus a bhiodh còmhla riutha an còrr dhem beatha. Air am beulaibh, aisling eile, Astràilia, an tìr far an robh cothroman ùra a' feitheamh orra agus far an robh iad ag ràdh gun robh cuid de dhaoine a' fàs beairteach gu math luath.

---

corra dhìol-dèirce *the occasional homeless person*

16.

Cha robh an taigh-loidsidh anns na chuir iad seachad an oidhche sòghail ann an dòigh sam bith. Bha mòran dhaoine a' cadal san aon seòmar air leapannan cruaidh fiodha le bobhstairean connlaich. 'S ann luaisgeanach a bha an cadal.

Sa mhadainn, chaidh an cròthadh gu bùird shìos an staidhre far an d' fhuair iad brochan tana agus tì agus pìos arain. Shuidh na teaghlaichean còmhla aig na bùird.

'Cha bhàsaich sinn leis an acras co-dhiù,' ars Iain, athair Iseabail.

'Cha bhàsaich,' dh'aontaich Dòmhnall Donn, 'ach chan fhàs sinn reamhar nas motha.'

Leig Flòraidh bheag òg, piuthar Iseabail, sgreuch aiste, 'Ugh, seall.' Ruith rodan tarsaing an làir fo a casan.

Rinn Iseabail gàire, 'Tha esan a' coimhead reamhar gu leòr.'

Rinn iad uile gàire ach bho sin a-mach bha a' chlann uile agus an sùilean air an làr. Nuair a chitheadh iad luch no rodan dhèanadh iad sgiamhail.

Nuair a thuirt an dithis luchd-stiùiridh aca gum feumadh iad falbh, cha b' e ruith ach leum. Stiùir iad am buidheann eilthireach tro na sràidean fada, trang chun a' Bhroomielaw agus chun a' *Phioneer*, am bàta a bheireadh gu Liverpool iad.

---

sòghail *luxurious*
bobhstairean connlaich *straw mattresses*
cròthadh *herded/penned*

’S e bàta-smùide a bh’ innte le siùil cuideachd. Thuirt an luchd-stiùiridh gun toireadh e co-dhiù dà latha agus oidhche air bòrd mus ruigeadh iad Liverpool. Bhiodh iad a’ fuireach an sin ann an taigh-loidsidh gus an seòladh an *Edward Johnstone*.

Cha robh e uabhasach cofhurtail air a’ *Phioneer*. Bha i nas lugha na an *Chevalier* agus cha robh mòran rùm ann dhan a h-uile duine. Chuir iad seachad an oidhche innte mar a chuir iad seachad anns an taigh-loidsidh, air beingean cruaidh le glè bheag de chofhurtachd.

‘Tha mi an dòchas gum bi an *Edward Johnstone* nas fheàrr na seo,’ thuirt Iseabail le drèin oirre.

Bha Ruairidh e fhèin is drèin air, ‘Tha mi an dòchas gum bi, no cha ruig sinn Astràilia gu bràth.’

Rinn i gàire. ‘Ò, ruigidh, sinn a ruigeas ged a bhiodh sinn leth-mharbh.’

Bha iad a’ dèanamh air a’ Chuan Èireannach agus a’ ghaoth bhon iar, iad a’ roiligeadh beagan. Chaidh iad seachad air Eilean Mhanainn agus mu dheireadh ràinig iad Abhainn Mhersey. Ma bha Abhainn Chluaich trang le bàtaichean, bha am Mersey na bu trainge buileach. Bhiodh mòran bhàtaichean a’ fàgail Liverpool airson Astràilia agus Ameireaga agus a’ tilleadh air ais le cargu.

Nuair a ràinig iad Liverpool agus a laigh iad aig a’ chidhe, thàinig dithis fhireannach air bòrd. Bha còtaichean dubha orra agus adan cruaidh cruinn. Thuirt aon dhiubh gun robh e a’ riochdachadh Oifis Chòlòiniach

Astràilia agus bha am fear eile bho Chomunn Eilthireachd na Gàidhealtachd 's nan Eilean. Dh'inns iad dhaibh dè bha a' dol a thachairt. Bhiodh iad sa phort airson dhà no trì oidhcheannan ann an taighean-loidsidh. Bhiodh am bàta, an *Edward Johnstone*, a' fàgail airson Astràilia ann a dhà no trì làithean agus bhiodh iad trì no ceithir mìosan aig muir. Bha aca ri ceistean a chur orra agus dèanamh cinnteach gun robh na h-ainmean, na h-aoisean agus na h-àiteachan às an tàinig iad aca gu ceart. Thug sin greis mhath, a' dol timcheall gach teaghlach. Bhiodh na liostaichean sin air an toirt do chaiptean an *Edward Johnstone*. Bheireadh esan iad dha ceannardan a' phuirt ann am Portland.

Nuair a thàinig e gu Ruairidh, dh'inns e dhaibh gur ann às Àrnais ann an Ratharsair a bha e ged a b' ann à Hallaig a bha e o thùs. Mhìnich e gun robh athair agus a mhàthair air bòrd agus a bhràithrean agus a pheathraichean. Bha iad gu math mionaideach leis na ceistean a bha iad a' faighneachd. Thug iad sùil gheur air cuideachd gus faicinn an robh e fallain gu leòr. Thuirt iad gun robh.

Mar a thuirt an t-oifigear, chuir iad seachad oidhcheannan ann an taigh-loidsidh. Bha e a cheart cho salach, robach ris an fhear ann an Glaschu.

'Tha sinn letheach slighe,' ars Iseabail le gàire.

Rinn Ruairidh gàire fhann air ais, 'Chan eil buileach, a luaidh, chuala tu dè thuirt e, trì no ceithir a mhìosan air a' bhàta-siùil.'

‘’S e ùine uabhasach fada a tha sin, nach e?’

Dh’aontaich e, ‘’S chan eil fhios againn cò ris a bhios e coltach.’

Bha iad sàmhach, a’ smaoineachadh air an turas a bha romhpa. Bha iad air mòran sgeulachdan a chluinntinn mu bhàtaichean agus na tinneasan a bh’ air bòrd agus mar a chaill daoine am beatha. Ach ’s e seòladair às an Eilean Sgitheanach ris an robh iad a’ bruidhinn air bòrd a’ *Phioneer* a chuir an t-eagal buileach orra. Dh’innis e dhaibh gun robh e air a bhith na sheòladair air bòrd a’ *Phriscilla* dà bhliadhna air ais. Sheòl i à Liverpool air an 13mh dhen Dàmhair agus cha do ràinig i Melbourne gus an 24mh dhen Ghearran.

‘Ach chan e sin bu mhiosa,’ thuirt e, ‘ach na bhàsaich leis a’ ghriùthrach. Bha sia-deug air fhichead oirre à Hiort agus dh’eug ochd-deug dhiubh air an t-slighe. Nuair a ràinig sinn Melbourne, chaidh an fheadhainn a bha tinn a chumail air bòrd. Chaidh an fheadhainn eile a chur ann an ionad fa leth air tìr, ann an cuarantain, mar a chanadh iad. Gu mì-fhortanach, bha am fiabhras-dearg san ionad sin agus chaill cuid dhiubh am beatha.’

Thug an seòladair rabhadh dhaibh a bhith faiceallach leis na dh’itheadh agus na dh’òladh iad, gun robh dotair Sasannach air ceangal a lorg eadar uisge salach agus tinneasan mar a’ bhuinneach-mhòr.

Bha na thuirt e air gairiseachadh a chur tromhpa.

---

a’ bhuinneach-mhòr *cholera*

Smaoinich Ruairidh air ais air Ratharsair. An e mearachd a rinn iad an t-eilean fhàgail?

'Às dèidh siud a chluinntinn, 's dòcha gum bu chòir dhuinn a bhith air fuireach ann an Ratharsair,' thuirt e gu tùrsach.

'Tha fhios agad nach b' urrainn dhuinn, a ghràidh, às dèidh na thachair, cha robh taigh no càil air fhàgail againn.'

'Tha thu ceart, cha robh càil ann an Ratharsair dhuinn ach anshocair is bochdainn.'

'Bidh sinn ceart gu leòr, chan eil a h-uile bàta coltach ris a' *Phriscilla*. Tha iad ag ràdh gur e bàta math a th' anns an *Edward Johnstone*.'

Bha mì-chinnt sgrìobhte air aodann. 'Bidh sinn an dòchas gur e.'

Bha fios aca nach robh tilleadh ann a-nis. Bha iad am measg nan ceudan eile a bha air slighe a dhèanamh gu Astràilia. Dh'fheumadh iad a bhith dòchasach. Nan cailleadh iad dòchas, cha bhiodh dad air fhàgail aca ach dorchadas agus dìth misneachd.

Chuir i a làmh mu a ghualainn, 'Och, bidh sinn ceart gu leòr, a luaidh.'

Rinn e snodha-gàire fann air ais, 'Bithidh, tha mi cinnteach gum bi.'

* * *

'S iomadh smuain iomagaineach a bh' aca agus iad a' feitheamh san taigh-loidsidh gus an seòladh am bàta. Ach mu dheireadh thàinig an latha agus bha iad air a' chidhe a' coimhead air an t-soitheach a bheireach a dh'Astràilia iad. Soitheach eireachdail trì-chrannach leis na croinn agus an acfhainn-luinge ag èirigh suas os an cionn.

'Seo far am bi ar dachaigh airson greis,' thuirt athair Iseabail agus sùil gheur aige air an luing.

Bha còrr agus trì cheud air a' chidhe a-nis a' feitheamh ri faighinn air bòrd, na teaghlaichean a' fuireach còmhla. Bha ceithir fichead teaghlach ann à Ratharsair, An t-Eilean Sgitheanach agus Colla agus teaghlaichean à Muile cuideachd.

Thug an sealladh buaidh mhòr air Ruairidh. Chunnaic e daoine a dh'aithnicheadh e. Bha iad ann à Baile Meadhanach, Holoman, Hallaig agus an Leac. Na daoine uile le ainmean Gàidhealach, MacLeòid, MacIllEathain, MacCoinnich, MacIllÌosa, MacAoidh. Agus bha iad uile a' falbh agus cha tilleadh iad. Smaoinich e air na mìltean coltach riutha a bha air falbh agus a bha an-dràsta fhèin a' falbh air bàtaichean eile. Na glinn agus na h-eileanan air am falamhachadh de dhaoine agus caoraich a' gabhail an àite. Thàinig deòir gu a shùilean.

Bha Iseabail ri a thaobh agus dh'fhàisg i a làmh mar gum biodh i a' leughadh a smuaintean, ach cha tuirt i guth. Bha an sealladh agus na bha a' tachairt cho drùidhteach 's gun tug e deòir gu a sùilean-se cuideachd. Chitheadh

---

acfhainn-luinge *ship's equipment, apparatus*

iad gun robh daoine eile a' faireachdainn mar a bha iadsan, cuid a' gal agus clann a' caoineadh agus fios aca nach fhaiceadh iad an dùthaich aca fhèin gu bràth tuilleadh.

Chaidh an treòrachadh chun an àraidh agus dhìrich iad air bòrd. Sheall oifigear dhaibh far am biodh iad a' fuireach agus ag ithe agus a' cadal rè an turais. Seòmar mòr fada le leapannan fiodha – buncaichean – air gach taobh agus beingean fo na buncaichean air am faodadh iad suidhe. Cuideachd bùird fhiodha far an suidheadh iad airson am biadh.

Chuir an t-àite uabhas orra. An ann an seo a bhios sinn còmhla ris na ceudan eile airson mìosan, smaoinich iad.

'*This is the steerage accommodation*,' thuirt an t-oifigear, '*this is where you'll be for the trip. But don't worry, in a storm we batten down the hatches, so no sea will get in.*'

'*Batten down the hatches*' – cha robh fios aca aig an àm dè bha e a' ciallachadh agus cha bu dùraig dhaibh faighneachd.

Chùm e air, '*Don't worry, Mr North, the Surgeon Superintendant will look after your well-being.*' Rinn e snodha-gàire ris a' chloinn, '*A very nice man.*'

'S e duine òg Sasannach a bh' anns an oifigear. Bha e a' feuchainn ri an dèanamh cofhurtail ach 's ann a bha e a' cur eagal am beatha orra.

Mus do dh'fhalbh e thuirt e, '*Stay together as a family, if you wish, and choose the place on the deck where you wish to be. Mr North will visit you in due course. You may go on deck when the weather is favourable.*'

Bha teaghlaichean Ruairidh agus Iseabail ri taobh a chèile. Chuir iad na màileidean agus am beagan stuth a bh' aca ann an tuill a bha fo na buncaichean.

'Seo an dachaigh a bhios againn airson greis,' thuirt Dòmhnall Donn, 'bidh foighidinn a dhìth.' Thug e am Bìoball a-mach às a mhàileid agus chuir e air a' bhunc e. 'Le caomhnadh Dhè, ruigidh sinn an taobh thall.'

Choimhead Ruairidh agus Iseabail air a chèile ach cha tuirt iad guth. Bha fios aca mun chreideamh làidir a bha aig athair Ruairidh.

Às dèidh greiseag chaidh iad suas air deic. Bha iad a' seòladh sìos an abhainn agus a' dèanamh gu muir. 'S e latha brèagha samhraidh a bh' ann agus a' ghrian os an cionn. Na siùil mhòra a' breith air an osaig bu lugha de ghaoth.

Bha mòran dhaoine eile air deic, corra neach nach buineadh don *steerage* le aodach spaideil orra. Daoine le airgead aig am biodh cèaban dhaibh fhèin. Cha leigeadh a leas eagal a bhith orrasan bho thinneasan a bhiodh tric a' bualadh air daoine ann an *steerage*.

'Tha sinn gu dearbh air an t-slighe a-nis,' arsa Ruairidh ri Iseabail a bha seasamh ri a thaobh.

'Tha, agus chan e dìreach gluasad na mara a tha gam dhèanamh beagan tinn.' Bha a làmh air a mionach.

Choimhead e oirre gu ceasnachail le truas. Bha fios math aige dè bha i a' ciallachadh. A rèir choltais, bha leanabh gu bhith aice, bha e gu bhith na athair. Bha

---

caomhnadh Dhè *Gods's protection*
cèaban *cabin*

sin a' cur uallach na bu mhotha air beatha nas fheàrr a dhèanamh dhaibh nuair a ruigeadh iad thall. Bha daoine ag ràdh gun robh òr ri fhaighinn ann a' Bhictòria. Dh'fheumadh e faighinn a-mach mu dheidhinn sin.

Chuir e a làmh air a gualainn, 'Bidh thu ceart gu leòr, a luaidh, bidh thu ceart gu leòr'.

17.

Nuair a fhuair iad chun a' Chuain Shiar a-mach bho Bhàgh Bhiscay, bha suailichean a' chuain sin a' toirt oirre roiligeadh. Bha aca ri bhith cùramach le dad a dh'fhàg iad air na bùird, no thuiteadh e gu làr. Bha cuid de dhaoine tinn le tinneas na mara. Ach cha robh air Ruairidh a bha cleachdte ri bhith aig muir. Bha Iseabail le òrrais oirre leis gun robh dùil aice ri leanabh agus bha luasgadh nan tonn ga dhèanamh na bu mhiosa.

Goirid às dèidh dhaibh am port fhàgail, thàinig an t-Àrd-lighiche North, duine beag uasal, agus thug e comhairle dhaibh gum feumadh iad an t-àite a chumail glan. Le cuideachadh bhon chriutha, bhiodh na buncaichean, na bùird agus an deic air an nighe aca le measgachadh de dh'fhìon geur agus clòraid aoil. Nach robh iad air faighinn a-mach gun robh cuid de ghalaran air an adhbharachadh le salchar. Bha e uabhasach cudromach an t-àite a chumail glan.

A h-uile dàrna latha thigeadh an t-Àrd-lighiche North airson dèanamh cinnteach gun robh an t-àite air a chumail glan. Bhiodh seòladairean ann le bucaidean agus sguaban agus bhiodh na boireannaich uile a' cuideachadh leis a' ghlanadh.

Cha robh a bhith san *steerage* a' còrdadh ri Ruairidh agus Iseabail, le daoine ag ochanaich agus leanabain a' sgiamhail. Cho tric 's a b' urrainn dhaibh, nam biodh an t-sìde math gu leòr, dheigheadh iad suas air deic agus sheasadh iad ris a' mhaireachan aig cliathach a' bhàta a' coimhead a-mach air a' mhuir. Uaireannan, chitheadh iad sgaoth phèileagan agus iad a' leum mar aon agus na dromannan aca os cionn na mara.

'Nach eil e brèagha mar a tha iad a' leum,' chanadh Iseabail.

'Agus mar gum biodh a' leantainn a' bhàta,' arsa Ruairidh.

Uaireannan eile, chitheadh iad èisg-itealaich agus iadsan a' sgèith os cionn na mara. Bha na seallaidhean sin nan adhbhar toileachais dhaibh.

Mar a bha iad a' dol deas, bha an t-sìde a' fàs na bu bhlàithe. Thuirt aon de na seòladairean nach b' fhada gus am biodh iad aig meadhan-chearcall an talaimh. Bhiodh e an uair sin na bu bhlàithe buileach. Adhbhar eile airson faighinn a-mach air deic.

Gu h-ìosal, air an oidhche, bhiodh iad a' seinn òrain. Bha sin a' cur seachad na h-ùine. Bha guth math seinn aig athair Iseabail agus glè thric 's e a thòisicheadh. Agus cha b' fhada gus am biodh a' mhòr-chuid a' seinn còmhla ris.

Aon de na h-òrain a b' fheàrr le Ruairidh 's e 'Guma Slàn do na Fearaibh'. Bha e a' ciallachadh barrachd 'son gun deach a sgrìobhadh le fear à Dail na Spideil a bha an dùil gluasad gu Astràilia e fhèin. Ach 's ann a rinn e òran dhan fheadhainn a dh'fhalbh. Cho fìor 's a bha na briathran aige smaoinich e.

---

sheasadh iad ris a' mhaireachan *they'd lean against the bulwark*
sgaoth phèileagan *a pod of porpoises*
èisg-itealaich *flying fish*
meadhan-chearcall an talaimh *Equator*

Sinn a' fàgail an àit' seo bhon a chuir iad mòr mhàl
oirnn:
nuair a thig an Fhèill Mhàrtainn cha bhi nàir' air ar
gruaidh
Guma slàn do na fearaibh chaidh thairis an cuan.

B' e nach b' urrainn dhaibh am màl a phàigheadh, an leisgeul a bh' aig Rainy an sguabadh a-mach às an eilean. A rèir choltais, bha an aon rud fìor air tìr-mòr. Chòrd an rann ris cuideachd a bha a' dol:

Gheibh sinn crodh ann is caoraich, gheibh sinn
cruithneachd air raoin ann
's cha bhi 'm fearann cho daor dhuinn 's a bha fraoch
an taoibh tuath
Guma slàn do na fearaibh chaidh thairis an cuan.

Las sùilean Ruairidh. 'Nach biodh e math fearann a bhith againn agus crodh agus caoraich.'
'Agus taigh brèagha dhuinn fhìn.'
'Bidh sin againn, a ghràidh, na biodh dragh ort.'
Choimhead Iseabail air le gàire, 'Tha thu ag aisling a-rithist.'
Rinn e snodha-gàire fann air ais, 'Tha, dh'fhaodadh tu a ràdh.'

Gu dearbh, bha e an-còmhnaidh ag aisling, a' smaoineachadh air mar a bhiodh e dhaibh ann an Astràilia, e fhèin agus Iseabail agus an teaghlach, ma bha

---

cruithneachd *wheat*

teaghlach gu bhith aca. Agus a rèir choltais bha. Bha i fhèin cinnteach gun robh i trom agus gur e sin an òrrais a bha i a' faireachdainn.

Chur e a làmh timcheall oirre, 'Bidh sinn ag aisling, nach bi a luaidh?'

'Ò, bithidh, le chèile ag aisling.'

Cha b' e dìreach òrain a bhiodh iad a' seinn, bhiodh iad a' seinn sailm cuideachd. Bha guth math aig athair Ruairidh agus mus deigheadh iad a shìneadh, ghabhadh e an leabhar agus an teaghlach timcheall air. Aon de na sailm a b' fheàrr leis, 's e an treas salm thairis air an fhichead:

Is e Dia fèin as buachaill dhomh,
cha bhi mi ann an dìth.
Bheir e fa-near gun laighinn sìos
air cluainean glas le sìth.

Bhiodh e a' cur a-mach na loidhne, agus cha b' fhada gum biodh a' mhòr-chuid air an deic ìosal a' togail an guthan còmhla ris. Abair eireachdail, smaoinich Ruairidh. Bha an t-seinn ud a' cur gaoir troimhe, agus a' toirt misneachd dha.

Cur-seachad eile a bh' aig na fir, 's e gun suidheadh iad timcheall nam bòrd airson conaltradh agus sgeulachdan innse. Bha na Sgitheanaich agus fir Ratharsair còmhla agus dh'inns iad mar a thachair air na h-eileanan aca. Agus b' e an aon sgeulachd a bh' ann. Màl àrd agus droch uachdarain agus na bailtean air am falamhachadh.

---

a' cur a-mach na loidhne *precenting (a Gaelic Psalm)*

Dh'inns Dòmhnall Donn mar a thachair ann a' Hallaig. Mar nach b' urrainn dhaibh am màl a' phàigheadh agus mar a bha aca ri fàgail. Dh'inns Ruairidh mar a thachair dhàsan.

'Tha sin brùideil,' thuirt aon de na Sgitheanaich, duine le feusag dhonn agus sùilean beothail.

'Brùideil,' sin dìreach am facal air an son, dh'aontaich Dòmhnall Donn, 'uachdarain, chan eil truas no tròcair annta.'

Dh'aontaich iad uile. 'S iomadh deasbad a bha aca mu staid an fhearainn agus na Gàidhealtachd. Bha iad uile ag aontachadh nach bu chòir leithid de chumhachd a bhith aig na h-uachdarain. 'S iomadh argamaid a bh' ann mu cò air a bha a' choire. Chuir cuid a' choire air an riaghaltas, cuid air sannt nan uachdaran agus cuid air na caoraich.

'Innsidh mise dhuibh dè as coireach,' arsa Ruairidh, 'tha airgead, tha a h-uile càil air a riaghladh le airgead, agus mura h-eil airgead agad tha thu caillte.'

Dh'aontaich an Sgitheanach. 'Tha thu ceart 'ille, aig aon àm cha robh airgead a dhìth oirnn. Bha sinn a' cuideachadh a chèile. Bha sinn beò air toradh an talaimh.'

'A-nise, feumaidh airgead a bhith agad ma tha thu a' dol a thighinn beò, agus cò aig a tha an t-airgead...?'

Fhreagair iad uile gu h-aona-ghuthach, 'Aig an uachdaran.'

Aon oidhche bha a' mhuir socair agus chaidh Ruairidh agus Iseabail suas air deic. Bha a' ghealach slàn agus am bàta fo sheòl, a' ghaoth fann, ach an dèidh sin bha iad a' gluasad aig astar math. Bha iad toilichte faighinn air deic air falbh airson greiseig bhon t-sluagh gu h-ìosal. Cha robh e furasta bruidhinn gu dìomhair san steerage leis na bh' ann de dhaoine.

'Nach eil a' ghealach àlainn a-nochd,' ars Iseabail.

'Nach eil i,' thuirt e, 'tha i a' toirt Ratharsair nam chuimhne.'

'Nuair a smaoinicheas tu air, 's i an aon cheangal a th' againn ris an eilean.'

'Ise agus a' ghrian.'

'Tha thu ceart, agus a' ghrian cuideachd.'

A-nochd bha iad a' faireachdainn brònach. Bha leanabh - nighean bheag - air bàsachadh, a' chiad bàs a bha air bòrd, agus bha iad a' dol ga tiodhlacadh aig muir. Thàinig grunn sheòladairean agus dh'fhosgail iad geata ann an cliathaich a' bhàta. Bha a' Chiad Mheata còmhla riutha agus an corp aca air a shuaineadh ann an canabhas. Chuir iad sìos an canabhas air an deic aig an fhosgladh.

Bha an teaghlach ann cuideachd agus grunn chàirdean nan seasamh mun cuairt. Ghuil cuid. Bha an sealladh cho tiamhaidh gun tàinig deòir gu an sùilean. Nach ann mar siud a bha e a' crìochnachadh dha iomadh eilthireach. Air an cromadh dhan fhairge agus a' ghealach os an cionn na sùil-fhianais.

Bha Bìoball aig a' Mheata agus leugh e earrainnean à Soisgeul Eòin agus thuirt e facal no dhà. Rinn pàrant na h-ighne ùrnaigh. An uair sin phut dà sheòladair an canabhas thar na cliathaich.

'Bidh iad a' cur cuideam anns a' chanabhas,' thuirt Ruairidh, 'thèid i sìos chun a' ghrunnd.'

Bha Iseabail sàmhach airson greis, sealladh fad às na sùilean. 'Bidh fhios aig Dia far a bheil i.'

'Bithidh, a ghràidh, bithidh.'

Chaidh iad sìos chun na deic ìosal.

* * *

Bha iad air a bhith còrr agus leth-cheud latha agus oidhche aig muir. Agus gu ruige seo bha iad air a bhith fortanach leis an t-sìde. Cha robh stoirm mòr air a bhith aca. Ach dh'atharraich sin nuair a chaidh iad timcheall air ceann-a-deas Afraga agus a-steach dhan Chuan Innseanach. Aon latha dh'fhàs an t-adhar dorcha agus thòisich a' ghaoth ag èirigh. Chuala iad cuideigin ag èigheach, '*Batten down the hatches.*'

Thàinig am Meata sìos thuca. '*A storm is brewing,*' thuirt e, '*you'll have to stay below till it passes. Extinguish all candles and lights.*'

Mhìnich e gum feumadh a h-uile càil a bhith dùinte mus fhaigheadh an fhairge a-steach agus gum feumadh coinnlean a bhith mùchte mus biodh teine ann. Dh'fheumadh iad fuireach far an robh iad gus am biodh an stoirm seachad. Bha am bàta mu thràth air a tulgadh leis a' mhuir.

Chuala iad fuaim nan òrd os an cionn agus na seòladairean a' cur gheinnean fiodha an sàs airson an canabhas a chumail na àite. Bha iad nam prìosanaich anns an dorchadas agus am bàta a' bocail mar each gun strian. Bha feadhainn dhen chloinn a' gal agus a' sgiamhail nuair a bhualadh tonn. Ach bha eagal air na h-inbhich cuideachd. Nan deigheadh am bàta fodha, cha bhiodh cothrom sam bith aca, glaiste mar a bha iad shìos fon deic.

Cha do chuir Ruairidh agus Iseabail riamh seachad oidhche cho fada. Air a' bhunca aca agus grèim teann aca air a chèile.

'Tha eagal orm nach fhaic sinn Astràilia gu bràth,' thuirt i agus crith na guth, 'tha seo dìreach cho uabhasach.'

Bha creideamh làidir athar air buaidh a thoirt air a mhac. 'Feumaidh sinn creidsinn gun cùm Dia sàbhailte sinn.'

'Feumaidh, a ghràidh, ach...'

Cha do chuir i crìoch air an t-seantans.

Bha a' ghlacadaich 's an sgiamhail ag èirigh gu àirde agus a' cur an eagail oirre. Cha b' urrainn dhi smaoineachadh ceart. Bha fios aice gum biodh a màthair ag ùrnaigh agus thug sin seòrsa de chofhurtachd dhi. Nach eil e neònach smaoinich i, 's ann nuair a tha daoine ann an cunnart a bhios iad ag ùrnaigh.

Bha soithichean nach deach a chur air falbh a' roiligeadh 's a' glacadaich air ais 's air adhart air an deic. Fad an t-siubhail srann na gaoithe anns na croinn agus

---

geinnean fiodha *wooden wedges*
a' bocail mar each gun strian *jolting like a horse without reins*

anns na ròpan. Agus an uair sin sgal eile nuair a bhualadh tonn eile a cliathaich.

Chluinneadh iad athair Ruairidh agus e a' cur suas ùrnaigh airson Dia an cumail sàbhailte. Agus Niall, am pàiste a b' òige aig Dòmhnall Donn ag ràdh, 'Dadaidh, am bi sinn ceart gu leòr?'

Agus an fhreagairt, 'Bithidh, a ghràidh, cumaidh Dia sàbhailte sinn.'

Bha an oidhche fada, ach mu dheireadh thàinig a' mhadainn agus shìolaidh a' ghaoth ged a bha a' mhuir fhathast riaslach. Bha an rud bu mhiosa dhen stoirm seachad agus cha robh iad a' faireachdainn ann an uiread de chunnart.

Às dèidh greis, chuala iad fuaim nan òrd a-rithist agus chitheadh iad solas an latha a' tighinn tron fhosgladh.

Choimhead Ruairidh ri Iseabail. Bha a h-aodann bàn, ach bha faochadh ann cuideachd, ''S math siud seachad,' thuirt i agus crith na guth.

Chuir e a ghàirdeanan timcheall oirre, ''S math a luaidh, tha sinn beò fhathast, ged nach eil fhios a'm ciamar.'

Rinn i gàire fhann air ais.

* * *

Às dèidh na stoirm bha an t-sìde na b' fheàrr agus rinn iad astar math gu Portland ann a' Bhictòria. Bha iad air a bhith trì fichead latha 's a h-ochd-deug aig muir. Rinn iad gàirdeachas mòr nuair a chunnaic iad fearann Astràilia mun coinneamh. Mu dheireadh thall gheibheadh iad a-mach às a' phrìosan anns an robh iad.

An latha mus do ràining iad am port, bha am Meata air na h-eilthirich uile a ghairm air deic. Bha e airson innse dhaibh cò ris a bhiodh dùil aca nuair a ruigeadh iad Portland. Bhiodh oifigearan bho Oifis Cholòiniach Bhreatainn gan coinneachadh aig a' phort. Bhiodh iad ag iarraidh fiosrachadh mun deidhinn. Bhiodh cuideachd daoine ann bho na fearainn a bha air an seatlaigeadh agus iad a' coimhead airson luchd-obrach. Bha teaghlaichean mar na Hentys air tuinneachadh faisg air Portland agus tuathanasan mòra aca le crodh agus caoraich. Bhiodh feum acasan air luchd-obrach.

Chluinneadh iad tòrr mu mar a bha iad air òr a lorg ann am Ballarat agus Bendigo, ach bhiodh e na b' fheàrr, thuirt e, obair fhaighinn air an fhearann. Ged a dheigheadh iad a lorg òir, cha robh cinnt sam bith gum faigheadh iad dad. Agus dè a chumadh beò iad fhad 's a bha iad ga lorg?

Nuair a chuala Ruairidh am facal 'òr' dhùisg e seann smuaintean agus aisling ann. Dh'fheumadh e smaoineachadh mu dheidhinn agus bruidhinn ri Iseabail agus a theaghlach mu dheidhinn. Ach chan ann an-dràsta. Dh'fhaodadh sin tighinn a-rithist nuair a gheibheadh iad air tìr.

---

tuinneachadh *settled*

Chùm am Meata air, dh'fheumadh iad a bhith faiceallach cuideachd mu na tùsanaich. Bha treubhan ann ris an canadh iad Gunditjmara a bha a' fuireach ann a' Bhictòria mus tàinig an duine geal. Bha sabaid air a bhith ann eadar na treubhan sin agus an luchd-tuinneachaidh. Bhiodh na tùsanaich a' goid chaorach agus crodh bho na tuathanasan. Mar thoradh air sin, bhiodh murt agus marbhadh ann. Fichead bliadhna air ais nach do mharbh fir a bha a' sealg mhucan-mara fichead de na prìomh thùsanaich.

Chuir na dh'inns am Meata dhaibh uabhas air Ruairidh. Smaoinich e orra fhèin. Nach e tùsanaich a bh' annta ann an Ratharsair, agus dè thachair dhaibh? Nach deachaidh an sguabadh a-mach à fearann an sinnsirean dìreach mar a bha a' tachairt do thùsanaich Astràilia. Bho sin a-mach, cha robh e cho cinnteach às an t-slighe air adhart. Ach dè b' urrainn dha a dhèanamh. Cha robh dol às ann. Dh'fheumadh iad a dhol air tìr agus beatha air choreigin a dhèanamh dhaibh fhèin. Cha b' urrainn dhaibh a dhol air ais.

An oidhche sin, bha coinneamh aig teaghlaichean Ruairidh agus Iseabail. Dh'aontaich iad gum fuiricheadh iad còmhla air an aon fhearann nam b' urrainn dhaibh, no, co-dhiù, cho faisg agus a b' urrainn dhaibh air a chèile. Às dèidh na thuirt am Meata, bha iad dòchasach gum faigheadh iad cosnadh.

18.

Bhon bhàta, chitheadh iad am fearann a bha mun coinneamh. An coimeas ri Ratharsair bha an tìr a' sìneadh a-mach timcheall a' bhàigh cho fad 's a chitheadh sùil.

'Nach eil e iongantach,' arsa Ruairidh ri Iseabail, 'chan eil e coltach ri Ratharsair idir.'

Dh'aontaich i. 'Chan eil idir, càit a bheil beanntan mar a' Chuiltheann?'

'Tha e cho còmhnard agus farsaing.'

'Agus blàth airson an àm seo dhen bhliadhna.'

'Tha iad ag ràdh gu bheil an samhradh aca an seo nuair a tha an geamhradh ann an Alba. Ann am mìos no dhà eile bidh e gu math teth.'

''S e saoghal eile a th' ann, chan eil e coltach ri Alba idir.' Bha sealladh fad às na sùilean.

Nuair a fhuair iad air tìr chaidh an treòrachadh gu *depot* mòr far an robh riochdairean bho Oifis Cholòiniach Bhreatainn. Bha liosta aca de na h-eilthirich a bha air bòrd an *Edward Johnstone* agus rinn iad cinnteach gun robh a h-uile duine air tighinn air tìr. Thug iad comhairle seachad mu dè bu chòir dhaibh a dhèanamh. Ma bha càirdean aca ann a' Bhictòria, dh'fhaodadh iad fuireach còmhla riuthasan gus am faigheadh iad obair. Mura robh, bha luchd-fastaidh ann a bheireadh obair agus àite-fuirich dhaibh.

Seach nach robh tinneas air a bhith air bòrd, chan fheumadh iad a dhol gun ionad chuarantain. Mar a bha iad deiseil a' sgrùdadh gach teaghlach, thuirt iad riutha a dhol gu togalach eile far am faiceadh iad luchd-fastaidh, tuathanaich agus daoine le fearann a bha ag iarraidh luchd-obrach.

Mu dheireadh, às dèidh greis mhòr fhuair iad air falbh gu far an robh an luchd-fastaidh. Chùm teaghlaichean Ruairidh agus Iseabail còmhla mar a chaidh aontachadh air a' bhàta. Bha sreath de luchd-fastaidh ann agus iad a' feitheamh ri daoine a thighinn far a' bhàta. Aon duine mòr tapaidh, b' ann à Alba a bha e. Chuala e iad a' bruidhinn Gàidhlig. Dh'inns e gur ann à Loch Abar a bha e, Dòmhnall Camshron, agus gun robh fearann aige le caoraich agus crodh agus gun robh e a' lorg luchd-obrach.

Dh'inns Dòmhnall Donn dha gun robh e fhèin agus a mhic eòlach air obair le caoraich is crodh, gur ann à Ratharsair a bha iad. Nuair a chuala e sin, bha e ro dheònach obair a thoirt dhaibh. Thuirt e gum faodadh a bhean agus a nigheanan cuideachadh le obair-taighe agus timcheall an tuathanais. 'S e àite mòr a bh' aige agus bha obair gu leòr ann. Bha e a' gearan gun robh e doirbh luchd-obrach fhaighinn agus a h-uile duine a' dèanamh air Melbourne, Ballarat agus Bendigo far an deachaidh òr a lorg. Bha daoine air a dhol às an ciall thuirt e, iad a' smaoineachadh gum fàsadh iad beairteach. Cha b' fhiach e an t-saothair. Tòrr chunnartan na lùib. Fada na b' fheàrr obair a bhith agad a bha cinnteach.

Choimhead Ruairidh ri athair. Bha iad air cluinntinn gun robh iad air òr a lorg ann an Astràilia, ach cha do thuig iad gun robh far an deach a lorg cho faisg orra.

'Dè nì sinn?' thuirt Ruairidh ri athair.

'Nì, fuireach far a bheil sinn. Tha Melbourne cho fada à seo 's a tha Ratharsair à Inbhir Nis. Agus chan eil biadh no airgead againn. Nach eil an duine seo a' toirt obair dhuinn a tha cinnteach.'

Dh'aontaich e, 'Tha sibh ceart, 's fheàrr dhuinn a dhol còmhla ris, an-dràsta co-dhiù.'

Sheall athair air gu dian, ach cha tuirt e an còrr.

Thàinig Iain, athair Iseabail, a-nall far an robh iad. Bha esan air a bhith a' bruidhinn ri riochdaire bho na Hentys, teaghlach aig an robh tòrr fearainn agus a bha air a bhith ann a' Bhictòria o chionn fichead bliadhna. B' iadsan aon de na ciad theaghlaichean a bha air freumhan a chur sìos ann an Gleann Eilg, an sgìre anns an robh Portland.

'Fhuair sinn uile obair,' ars Iain, 'aig na Hentys.'

'Fhuair agus sinne,' thuirt Dòmhnall Donn, 'aig fear Camshron à Loch Abar. Cha bhi sinn fada bho chèile. Faodaidh sinn tadhal oirbh nuair a gheibh sinn cothrom.'

Dh'aontaich iad gun dèanadh iad sin, agus ghabh na teaghlaichean slàn le chèile.

Threòraich Dòmhnall Camshron iad gu far an robh carbad mòr fada, le canabhas air agus eich ga tharraing, agus chaidh iad uile air bòrd. Bha iad air an slighe gu an dachaigh ùr.

---

ghabh na teaghlaichean slàn le chèile *the families bid farewell to each other*

19.

Bha Ruairidh agus Iseabail nan suidhe air bhearanda an taighe a chaidh a thoirt dhaibh mar àite-fuirich air fearann Dhòmhnaill Chamshroin. 'S e tuathanas mòr a bh' aig a' Chamshronach agus bha taigh mòr aige agus grunn thaighean nas lugha. Bha na taighean air an dèanamh de dh'fhiodh agus bha bhearanda air beulaibh gach fear dhiubh, rud a bha freagarrach airson an t-seòrsa sìde a bh' ann an Astràilia, gu h-àraidh as t-samhradh. Bha am blàths a' còrdadh riutha. Nuair a bhiodh an obair seachad, dh'fhaodadh iad suidhe a-muigh air a' bhearanda a' gabhail na grèine.

Bha an taigh cho eadar-dhealaichte bho na taighean a bh' ann an Ratharsair 's a ghabhadh a bhith. Fiodh air a' mhullach an àite tughadh agus uinneagan nas motha.

Bha seachdainean air a dhol seachad bho thàinig iad air tìr ann am Portland agus bhiodh iad tric a' smaoineachadh air an turas air an tàinig iad agus air an eilean a dh'fhàg iad. Ratharsair agus Seòras Rainy, bha e mar dhroch aisling, fhathast làidir nan cuimhne. Anns an dùthaich ùir seo, dh'fhoghlaim iad gum b' urrainn dhut am fearann agad fhèin fhaighinn bhon riaghaltas. Bhiodh rupan ann far am faodadh tu cuibhreann fearainn a cheannach. No gheibheadh tu fearann air mhàl.

'Nach eil e neònach,' thuirt e ri Iseabail, 'gum faod

---

rupan *auctions*
cuibhreann fearainn *a portion of land*

sinne a bhith nar n-uachdarain a-nis. Faodaidh na tùsanaich a bhith againn mar thràillean.'

Sheall i air le uabhas, 'Ò, ist amadain, cò bhiodh ag iarraidh thràillean?'

Rinn e gàire. 'Cha robh mi ach a' fanaid, nach robh sinne sinn fhìn nar tùsanaich ann an Ratharsair fo spòg Sheòrais Rainy.'

'Mar a tha na tùsanaich an seo fo ar spòg-ne.'

Thàinig drèin air aodann. 'Cha bu toigh leam gum biodh sinne dona dhaibh ann an dòigh sam bith. Nach eil iad air a bhith an seo airson mìltean de bhliadhnaichean. Cò sinne...?'

Bhris i a-steach, 'A bhith gan dèanamh nan tràillean, tha thu ceart, chan fhaod tràillean a bhith againn gu bràth.'

Thàinig sealladh fad às na shùilean, 'Agus ged a bhithinn-sa cho beairteach ri Rainy, cha bu toigh leam tràillean a bhith agam.'

'Chan eil cunnart gum bi thu gu bràth cho beairteach ri sin.'

'A ghràidh, chan eil càil a dh'fhios.'

Choimhead i air gu meòrachail, ach cha tuirt i guth.

Bho thàinig iad bha iad air a bhith ag obair gu cruaidh dhan Chamshronach, a' cur bhuntàta, a' coimhead às dèidh nan caorach agus a' chruidh, agus a' faighinn eòlas air an dùthaich ùir. Bha na raointean òir air bilean a h-uile duine. Chuala iad gun robh mòran dhaoine air na h-obraichean aca fhàgail. Tidsearan, fir-lagha, seòladairean, iasgairean, luchd-obrach fearainn. Bha a h-uile duine a' dèanamh air raointean an òir. Agus, a rèir choltais, bha mòran dhaoine air òr a lorg agus air fàs beairteach.

Aon latha thuirt Ruairidh ri Iseabail, 'Tha mi smaoineachadh a dhol gu raointean an òir. Tha tòrr dhaoine a' lorg òr agus a' fàs beairteach.'

Choimhead i air le uabhas, 'Dè! A ghaoil chan urrainn dhut m' fhàgail leam fhìn an seo.'

'Cha bhi thu leat fhèin, bidh thu còmhla ris an teaghlach agam. Co-dhiù, cha bhi mi fada air falbh agus thig mi air ais beairteach.'

Cha robh i idir toilichte, dè nan tachradh càil dha. Agus, cuideachd, nach robh ise trom.

'Bidh mi air ais,' thuirt e, 'mus tig an leanabh. Tha mi ag iarraidh gum bi beatha mhath againn, nach eil thu a' tuigsinn?'

Laigh i a ceann air a ghualainn, 'A ghaoil, chan eil mi ag iarraidh gu falbh thu.'

Ach cha robh dad ann a bheireadh às a bheachd e. Bha e air cus a chluinntinn mu raointean an òir, mar a bha a h-uile duine a' fàs beairteach. Bha na fir a bha ag obair còmhla ris air an fhearann air innse dha mar a bha na daoine a dh'fhalbh air tòrr òir a lorg.

Ach bha cuideachd rud eile ann a bhrosnaich e. Dh'inns aon dhen luchd-obrach dha gur ann ann an 1851, nuair a thòisich iad a' lorg òr, a fhuair an Camshronach dhan robh iad ag obair a chuid bheairteis. Agus seall e a-nis le tuathanas mòr agus taigh mòr spaideil. Nach biodh e math nam biodh tuathanas agus taigh dha theaghlach aige fhèin.

Nuair a dh'inns e dha athair gun robh e an dùil falbh, chuir e dragh mòr air.

'Gaol an airgid, freumh gach uilc,' 's e a thuirt e. 'Nach eil thu toilichte an seo 's a h-uile càil a' dol gu math dhuinn. 'S nach robh thu ag ràdh air a' bhàta gun robh na h-uachdarain air an riaghladh le airgead.'

'Thuirt mi sin, ach chan e airgead fhèin a tha ceàrr ach na nì daoine leis an airgead. Ma gheibh mise airgead nì mi feum leis, cuidichidh mi sibh fhèin.'

''Ille, chan eil feum againne air cuideachadh agus dè a nì Iseabail às d' aonais.'

''S ann air a sgàth-se agus an leanabh a tha na broinn a tha mi ag iarraidh airgead.'

'B' fheàrr leam gun èisteadh tu ri ciall, a Ruairidh, dè ma thachras càil dhut?'

Ach chan èisteadh e ri athair no ri Iseabail. Nach robh e an siud mar a bha e riamh chanadh athair, bras agus daingeann na bheachd gu dhol an sàs ann an rud.

Cha robh Dòmhnall Camshron toilichte nas motha. Bha e a' call fear-obrach math. Ach rinn e a' chùis beagan na b' fhasa seach gun tuirt Dòmhnall Donn nach fhalbhadh esan no an còrr dhen teaghlach air chor sam bith.

'Tha mi cho toilichte gu bheil sibhse a' fuireach,' thuirt

an Camshronach. Ach cha tuirt e guth mu cò às a fhuair e a bheairteas fhèin.

Thàinig an latha nuair a ghabh Ruairidh ceum a-mach. Bha Iseabail a' gal. Rug iad air a chèile gu gaolach agus gheall e nach biodh e fada gus am faiceadh e a-rithist i.

Chuir i a làmh air a broinn agus e a' dol a-mach à sealladh. Tha mi an dòchas gum faic thu am fear no an tè seo, a ghaoil, thuirt i rithe fhèin.

Nuair a dh'fhalbh e, bha i a' smaoineachadh gun robh i air a bhith còig mìosan trom.

20.

Bha na seachdainean agus na mìosan a lean trom air Iseabail. Cha robh latha a' dol seachad nach robh i a' cumail sùil a-mach airson Ruairidh. Chùm i i fhèin trang, a' glanadh, a' còcaireachd agus ag obair a-muigh air an achadh. Bha gu leòr obair ri dhèanamh. 'S e an t-earrach a bh' ann agus bha iad a' cur diofar shìl – cruithneachd, eòrna, coirce agus buntàta cuideachd. Nam biodh i ann an Àrnais, b' ann a' togail a' bhuntàta a bhiodh iad. Smaoinich i cho neònach 's a bha e, an t-earrach aca ann a' Bhictòria agus am foghar ann an Ratharsair. Bha iad air taobh eile an t-saoghail agus a h-uile càil air a dhol truimeach air thearrach.

Bha i a' faireachdainn mar gun robh a beatha fhèin air a dhol truimeach air thearrach. Smaoinich i air ais mar a bha i fhèin agus Ruairidh air coinneachadh, mar a bha iad air pòsadh agus cho toilichte 's a bha iad. An uair sin mar a chaidh an tilgeil a-mach às an taigh. Ach an dèidh sin, bha i dòchasach gum biodh beatha ùr thoilichte aca ann an Astràilia. A-nise, cha robh i cho cinnteach. Chan e nach robh gaol aice air, bha agus bhiodh gu bràth. Ach bha e air a bhith air falbh a-nise airson mìosan. Dè nan tachradh rud dha. Cha robh fios aice càit an robh e agus cha robh dòigh aice air teachdaireachd fhaighinn thuige no bhuaithe.

---

eòrna *barley*
coirce *oats*
truimeach air thearrach *topsy-turvy*

Bha Mòrag, màthair Ruairidh, na cuideachadh. 'S e boireannach dàimheil, faisg a bh' innte. Dh'fhaodadh i na draghan aice innse dhi, agus bha i a' tuigsinn.

'Na biodh dragh ort,' chanadh i, 'thig e air ais. Tha Ruairidh againne cùramach. Cha dèanadh e rud a chuireadh ann an cunnart e.'

'Tha fhios a'm, chan e Ruairidh ach daoine eile. Far a bheil daoine a' lorg òr, tha sabaid buailteach a bhith ann.'

'Bidh e ceart gu leòr,' tha mi ag ràdh riut, 'bidh e ceart gu leòr. Fan thusa is chì thu.'

Bha na faclan aice a' toirt beagan cofhurtachd dhi airson greiseag, ach an uair sin dheigheadh i air ais gu a dubhachas agus a h-iomagain. Dè mura tilleadh e agus gum biodh an leanabh a bha na broinn gun athair? Bha trì mìosan ann bhon dh'fhalbh Ruairidh agus bha e a' tighinn na b' fhaisge agus na b' fhaisge air àm a h-asaid.

Mus do dh'fhalbh e, bha iad air bruidhinn mu ainmean. Nam b' e gille a bh' ann bha e ag iarraidh Ailean a thoirt air, às dèidh bràthair-athar a bha air a bhith na chuideachadh cho mòr dha. Nam b' e nighean a bhiodh ann bheireadh iad Maighread oirre às dèidh màthair Iseabail.

Bha am Màrt ann nuair a thòisich a h-asaid. Gu fortanach, bha Mòrag agus na nigheanan aice ann airson a cuideachadh. Bha i dà uair a thìde air leabaidh-shiùbhla. Nuair a rugadh an leanabh 's e gille a bh' ann, gille brèagha, slàn, fallain. Agus thug iad Ailean mar ainm air, mar a bha Ruairidh ag iarraidh.

àm a h-asaid *labour/childbirth*
leabaidh-shiùbhla *bed when childbearing*

Shuidheadh i air a' bhearanda agus an leanabh na h-uchd agus sheinneadh i tàladh dha:

Bà, bà mo leanabh beag,
Bà, bà, bà;
Nuair a thig do dhadaidh dhachaigh,
Cha bhi tuilleadh cràidh.

Bà, bà mo leanabh beag,
Cha bhi tuilleadh cràidh,
Nuair a thig do dhadaidh dhachaigh
Bidh cùisean fad' nas fheàrr.

Bà, bà mo leanabh beag,
Thig do dhadaidh aon là,
'S caidlidh tu na ghàirdeanan
Tèaraint' agus blàth.

Chan eil ann a-nis ach gun tig Ruairidh dhachaigh, smaoinich i, agus bidh mo chupa làn. Ach chaidh na làithean seachad agus cha tàinig e. Chùm na droch smuaintean ga buaireadh. Nuair a dh'fhàg e, bha fios aige gun robh i trom. Nach biodh e ag iarraidh an leanabh fhaicinn? A bheil gaol aige orm no a bheil e coma mum dheidhinn? 'S iomadh droch smuain mar sin a bha tighinn thuice. Smuaintean a bha fios aice nach robh ceart.

Ach aon latha agus Ailean dìreach trì seachdainean a

dh'aois, bha i na suidhe air a' bhearanda, i a' tàladh Ailean beag agus i air a bhiathadh bhon chìch, nuair a chunnaic i rud a chuir iongnadh mòr oirre. Chunnaic i duine a' tighinn air muin each agus shaoil leatha gur e Ruairidh a bh' ann.

An toiseach cha robh i ga chreidsinn. Chuir i an leanabh sìos anns a' chreathail agus ruith i a-mach. 'S e an fhìrinn a bh' ann. Bha Ruairidh air teàrnadh on each agus e a' coiseachd a-nall thuice agus grèim aige air srian an eich. Bha e a' coimhead cho toilichte ri rìgh.

Chuir e a làmhan timcheall oirre agus ghaolaich iad a chèile. Bha deòir an toileachais na sùilean. An toiseach cha b' urrainn dhi dad a ràdh. 'S e esan a bhruidhinn an toiseach. Choimhead e oirre gu h-iomagaineach.

'Leanabh, a bheil leanabh air a bhith agad?'

Rinn i gàire, 'Trobhad agus faic.'

Chaidh iad chun a' bhearanda far an robh Ailean na shìneadh.

'Seo e, Ailean beag, do mhac, trì seachdainean a dh'aois.'

Thog e gu cùramach na ghàirdeanan e agus thug e pòg dha.

'Ailean Ruairidh Dhòmhnaill, a' chiad Astràilianach bho shliochd Dhòmhnaill Dhuinn.' Thug e pòg eile dha agus chuir e gu cùramach e air ais anns a' chreathail.

A-nis bha a h-uile duine de shliochd Dhòmhnaill Dhuinn air cruinneachadh agus iad a' cur fàilte air ais air an t-seachranach.

---

seachranach *wanderer*

'Tha thu air ais slan, sàbhailte, 'ille, tha sinn taingeil,' thuirt athair, 'seadh a-nis, nach inns thu dhuinn ciamar a chaidh dhut.'

Bha braoisg air a' ghnùis. 'Innsidh gu dearbh.'

Thug e poca bho a dhruim agus dh'fhosgail e e air a shocair. Thug e poca nas lugha a-mach agus dh'fhuasgail e a-mach e air an làr air am beulaibh. H-abair gun do rinn iad uile plosgail. Bha am poca beag làn phìosan beaga òir.

Sheas e gu pròiseil air am beulaibh, 'Tha sinn beairteach, a chàirdean,' thuirt e, 'faodaidh sinn talamh fhaighinn dhuinn fhìn! Agus bidh àite aig Ailean Ruairidh Dhòmhnaill nuair a thig e gu inbhe.'

'Cha robh dùil a'm gun tachradh e, tha sinn moiteil asad, 'ille,' thuirt athair.

Sna làithean às dèidh sin dh'inns e dhaibh mar a dh'obraich e le criathar ann an abhainn faisg air Ballarat, mar a bha e a' call a dhòchais ach, mu dheireadh, mar a fhuair e beagan òir. Thug sin misneachd dha agus chùm e a' dol. Gus mu dheireadh, thàinig e tarsaing pàirt dhen abhainn a bha làn òir. Sin an t-òr sa phoca, a chunnaic iad le an sùilean.

Bha Ruairidh agus Iseabail gu mòr air an dòigh. Bhiodh iad tric às dèidh sin a' dèanamh coimeas air a' bheatha a bh' aca ann an Ratharsair agus a' bheatha a bh' aca a-nis ann an Astràilia. Chuireadh e a làmh mu a gualainn agus chanadh e gu socair, 'Nach math gun tàinig

---

criathar *sieve*

sinn.' Agus chanadh ise le snodha-gàire blàth, 'Nach math, a ghaoil, nach math.'